先行者

名醫劉偉民
逆流而上的人生

劉偉民——著

目次 CONTENTS

推薦序

社會的一盞明燈

能夠認識偉民兄，是相當難能可貴的緣分，我對他的感激實難以言喻。

家母近年飽受婦疾所擾，由於她年事已高，在陸續徵詢幾位醫師的意見後，幾乎都給了我一樣的答案：手術會讓已逾九十五歲高齡的母親承受極大風險，不能開刀。看著家母的身體狀況，我越加擔憂，最後在朋友推薦下，嫻熟達文西手術的偉民兄又燃起了我一線希望。

母親手術前，我與偉民兄通了個電話。雖然不曾認識，但電話那頭傳來鏗鏘有力、不疾不徐的聲音，讓我極爲放心。他爲我簡單說明了達文西手術的特點與好處，並且評估母親可以此手術方式治療的原因。

手術前我仍難免緊張，問偉民兄，可否在手術室外觀看？沒想到他告訴我：「您可直接進來。」我愣了一會兒，確認這不會造成他的壓力嗎？他說：「不會。」於是我在他身旁觀看整個過程，手術全程不到兩小時，非常快，家母出血量極小，三天後就出院，恢復狀況極佳。若非親身經歷，很難想像之前被所有醫生勸阻的手術，能在偉民兄手中輕鬆完成。看著偉民兄操作機器的熟稔神態，充滿自信與專業，我深信國內醫界無出其右。

最令我佩服的是，偉民兄規律運動長達三十年，每日清晨晨跑，風雨無阻，這需要強大意志力才能堅持不墜。我深信，對於體力、耐力嚴格的要求，是偉民兄在醫界能拓展出讓人難以超越的一片天最重要的關鍵。態度，決定一切。

多年來，我不斷支持臺灣醫學領域研究的擴展、支持各種醫學研究，尤其癌症治療，深諳醫界匯聚臺灣精英中的精英，醫學院是頂尖學子的重要搖籃。然而，偉民兄的學經歷顛覆了我的認知。叛逆、退學、先服役後重考、念的又不是頂尖學府，但當他正式披上白袍後，十足展現醫術的專業，不斷精益求精，終在醫界樹立獨特典範。

他在醫界的路上並非一帆風順，數十年來也經歷過不少風風雨雨，甚至差點沒了醫師資格，這些都與他不斷走在前頭有關。走得太快、跑在前頭的人，若非無比的自信，明白自己航向何方，很可能就會被輿論評價吞噬淹沒。看著偉民兄這一路，我心有戚戚焉。

嚴格說來，偉民兄與我都已經是可以安穩退休過生活的人，但我們仍在自己所愛與堅持的領域裡奮鬥著，爲的不是一己，而是希望能造福更多人並回饋這片土地。得知偉民兄選擇離開服務多年的臺北醫學大學附設醫院，另行創業，除開設診所外，也創立人工智能公司，把畢生投入的醫學手術經驗轉換成爲大數據，成爲珍貴的臨床教材，期以傳承方式培育更多優秀的醫界人才。偉民兄這份企圖與展望，令我深感欽佩。

這兩年，全球因疫情而有極大的轉變，有的企業倒下，也有新興產業崛起，不少人因此陷入憂鬱恐慌，但有更多人對未來抱持樂觀希望。偉民兄是後者，從過去到現在一直都是如此，在此也深盼此書能給予讀者一盞明燈，爲社會帶來一份希望與正向能量。

（本文作者爲鴻海集團創辦人）

前奏

你也是自己的先行者

「先行者」這幾個字印在書封上，我忍不住好奇：對焦書名的你，是抱著什麼樣的動機來翻閱這本書？

先行者，聽起來有點狂，因爲它意味著走在前頭，不論是一個時代抑或在專業領域中。我會被這個概念吸引，並且在我的第四本書付梓之際——醫師職涯近四十年——決定以這三個字做爲我身著白袍的註腳，是因爲這三個字是我的人格最佳寫照。

先行者並非驕傲，相反地，先行者所要承擔面對的一切充滿變數、無前例可循，所能憑恃的是信心、勇氣、承擔與負責的態度。我的人生一路走來，用驚濤駭浪形容經歷過的風風雨雨，一點也不誇張。前方沒人領路，更無燈塔照明，遇上風暴，我仍不免會在惡浪中氣餒、沮喪，甚至恐懼、憤怒、質疑。

但是，我終究沒有停下腳步、站在原地豎白旗。走過，就是要走過，我帶著無比的意志力挺了過來，而那就是先行者的特質。

當這本書問世時，我已經離開服務二十多年的臺北醫學大學附設醫院。不是退休，而是邁入人生另一個里程碑：我從醫師跨足成爲創業者。開設診所與公司從來不在我的人生計畫中，卻因爲二〇二一年一場疫情，打破了我所有的思考，讓我再一次看見自己尚未發揮的潛力與夢想。

就是因爲「先行者」，我才沒有走上一般人認爲的退休生活，而是躍入另一個嶄新的領域，當然伴隨而來的更是前所未有的挑戰。

我原本以爲，堅持三十多年每日晨起運動、上班，行程滿檔，加上每天遇到的臨床個案與手術，都已是非常有活力的生命展現，但就在疫情爆發後，不得不停下腳步來，忙碌瞬間離我遠去，得了空的狀態讓我開始跟自己對話，好久不曾這樣放慢腳步了，或者說，我可能已經遺忘了放慢腳步的滋味是什麼，尤其在我退伍、重考，考上中山醫學院後，年紀已經比同屆的同學年長，加上念的又是醫學院後段班的學校，我得努力迎頭趕上、甚至超前，這性格幾乎已經鑄在我的DNA之上，想都不用想，人生就是這樣站在前方挺進。

金城武曾經拍了一支廣告，令我印象很深刻，廣告中他說：「世界越快，心，則慢。」我終於明白了那內涵。疫情讓我放慢的幾個月內，創意與靈感反因此更加湧現，迅速開了公司後決定自行開業，創立「劉教授婦科診所」。原來，一切並沒有慢，而且速度飛快。但若沒有疫情讓原來的軌道暫時喊停，我又怎可能決定轉換軌道，開創人生新局？這當中的變化與感受就像是愛因斯坦的相對論那般，沒有絕對，而是相對。

雖然這是我的第四本書，但意義非凡。一來除了藉由把人生大半歲月投入在教學醫院的服務，以至於延伸到個人的生命階段，重新回顧整理外，更重要的是，希望把我所堅持的態度與精神傳承下去。先行者的精神，不分領域，不論正在讀這本書的你是否爲醫界人士，我深信我人生當中的所有經歷都値得與每一位有緣讀到這本書的朋友分享。

翻看手機裡的相片，意外瞥見三年前兒子與父親在美國的合影，種種與父親相處的過往浮上心頭。父親是空軍，自律甚嚴，他的雖話不多，卻讓我這軍二代非常敬畏。孔子形容君子是「子溫而厲，威而不猛，恭而安」，父親就是這種寫照。雖然我少了父親的內斂，比較像母親，擁有好口才，也活躍於社交場域，別人看我，都會認爲我是個高調的人，連兒子也這麼認爲。

如果狹隘認定「先行者」時，就會不假思索地以我的特質看待先行者，並藉此解讀整本書的核心，那我會說：「可惜了。」因爲先行者並不意味無暇，我在書裡所分享的種種經驗也非證明，我只想表達：「這就是我，這是劉偉民。」我不完美，但對自己很嚴格，想要什麼就要做到什麼，即使沒有滿分，也不能敗陣下來。至少，一定要有所獲得。嚴以律己，是我從父親身上學到的精神。自律，支持我一路挺過所有挑戰；創新，則是我始終不被框架限制的工作態度。自律與創新，造就了今天的我。

是不是名醫，又或者我不斷突破的各種醫療方式、是否會在第一時間被醫學界認肯，這些外在的眼光從來都不會妨礙我想走的路，因爲我只在意自己能否持續超越邁進，「好，還要更好」始終都是自我期許。人生是一場無止盡的馬拉松，過了一座山，再翻另一座，就這麼一直跑下去，享受一路上的風光與身心狀態，那就是最令人讚嘆的生命力。

你所遭遇的任何經驗，不論好壞，都是你獨有的，只要不躲在陰影處怨天尤人、得過且過，爲自己站出來，那麼，你也是自己的先行者。

第一章

先行者，
不需要參考架構

踏實走著每一步，為自己開拓出一條道途，邊學邊走邊做，就能建立起一套架構。關鍵是：你敢嗎？

在一次偶然的機會裡，我與鼎鼎大名的米其林名廚江振誠同桌吃飯。他很年輕、很努力，成就也來得早，但為人卻非常沉穩內斂。江振誠在全球開了幾家特色完全不同的餐廳，我很好奇，他是怎麼管理餐點的風格與菜色品質？

他告訴我，他在大學教課，教的雖然是餐飲料理，但是他會從整個文化脈絡切進來談。例如，可以從文藝復興時代的美術工藝談到近代，裡頭充滿了與人文藝術文化相關的內容，自然會影響飲食習慣、形成飲食文化與品味，而人們再從生活與習慣中反饋回文化，這會不斷來回形塑，而非一成不變，料理的靈感與創業也會在這之中萌芽。最後，他告訴我：「先知，是沒有參考架構的。」

這句話，當下深深觸動了我，一語道破為何從醫四十多年來，我幾乎不曾擔任過微創手術醫師助理、幾乎不曾緊跟著老師學習、幾乎是憑著自己想像的臨床技術，一步一步堆疊累積出最珍貴且擁有龐大資料庫的經驗。年輕時，讚美我的同儕說我無師自通；想揶揄我的人，說我行伍出身，用現在的話說就是「土炮」，什麼都自己來。

但話說回來，我這中山醫學院（中山醫學大學前身）畢業的，還搆不上眞正的「行伍」——國防醫學大學，也比不上頂尖學府臺大、陽明。憑什麼我能在畢業後就一腳跨進臺北榮總，爾後接連在婦科手術技術上屢屢突破框架、不斷有創意產生，並奪得世界論文大獎的肯定，進而成爲榮總婦科最具爆發力醫師之一，接著還能在達文西手術締造出事業的另一波高峰？

因爲，先行者不需要參考架構。

想像不一定能落實，不怕挫敗與力行才是關鍵

以「先行者」爲喻，聽起來像是自抬身價，但如果換個角度看，先行者若沒有成功，反而成了炮灰時，那可就不會被認爲是在自吹自擂了。因此，**用「先行者」來比喻並不是爲了要炫耀，而是用來描述一種人格特質，這個特質不論背後有沒有支持、前方有沒有路可行，就某種程度上來說，其實就**

是個踽踽獨行的身影，持續走在自己的路上。或成或敗，旁人的眼光如何看待，都不是他所在意的，他只有一個目標，就是向前，而這需要極大的意志與決心。

我的飛官父親，就有這種先行者特質。

相較於其他軍種，經過國家特意栽培訓練的飛官，有一種地位特別崇高的形象。而我有一個飛官父親，理應會感到很神氣，尤其在眷村這個環境裡，不過，因爲父親經常在外出差、受訓，與他相聚的時間很少，說老實話，我其實相當渴望能有父親的陪伴。父親同時也是一個話少的人，當他難得回家，兩人一見面，也談不上什麼話，又因爲他相當在意孩子的品格教育，小男生難免調皮，被父親責難甚至修理往往還會占去父子難得的相聚時光。

父親當時經常赴美接受嚴格訓練，受訓期間常常會被丟到荒郊野外，得自行想辦法求生，過程相當辛苦，但可以領到不錯的薪水，而且是美金現鈔，因此他每次回家都會帶回很多玩具、糖果等舶來品。這些從美國帶回來的東西就現在看來，沒什麼特別厲害之處，可是對當時的環境而言，父親越洋受訓，回來還帶著伴手禮，眞的是一個了不起的角色，不論是工作或是家庭，他都扮演得很好。

父親對於美國始終有夢，這也影響了我的姊姊，大學畢業後，她就到美國深造，並在當地工作，等父親退休後，父母倆便以依親身分前往美國定居。

對於一圓美國夢的行動，父親可說是相當積極，包括自學英文。他在軍中往往利用晚上就寢時間，躲在棉被裡用手電筒看書，拚命讀英文，前往受訓時，也盡力用英文與美國人應對，因此，直到他眞正前往美國生活時，日子過得如魚得水，也因爲一生的軍旅身分，令他十分在意自己的體力與體格，持續每天打網球、上健身房，始終積極保持體態。這一點，深深地影響了我。

在工作與圓夢的身體力行上，父親帶來極好的身教，他並非出身於富貴之家，沒有師父、沒有前輩、沒有正規老師指導他，一切都憑他的意志力與決心，慢慢地走出一條路。**他是自己人生的先行者，沒有參考架構、沒有複製任何模式，單憑己念往前邁進。**

敢與不敢的背後，是一份想像力

我是個曾被退學的學生，邊緣到不行，如果還是依循著既定模式審視自己，恐怕很難在醫學界闖出一片天，遑論今天。然而，邊緣、非主流、不起眼的角落，這些都不重要，重要的是，**踏實走著每一步，爲自己開拓出一條道途，邊學邊走邊做，就能建立起一套架構。關鍵是：你敢嗎？**

這個敢與不敢的背後，是一份想像力，一份對自己充滿自信的想像力。

小時候，小男生最喜歡玩玩具，在我的年代，沒有太多現成玩具可以選擇，就發揮創意自己動手做。當時沒人指導，我卻可以自己做出木劍、槍、汽車，還有模有樣，儼然就是一個小小發明家。我相信很多人都有過這樣的童年，也經歷過發揮想像力與創意的天真歲月，那就是一種先行者的特質，在孩子身上最容易展現。在我們的成長過程中，慢慢被「修正」或「調整」到主流價值，走在大人們覺得安全的軌道上，那份想像力於是逐漸在我們的成長歲月中離開。

我比較皮，也比較叛逆，讓這想像力持續陪伴我一路到行醫路上，能夠不斷走出新的經驗，而不被既有的框架限制。當然，我也有過不成功的創意，舉例來說，十九年前，我曾對卵巢的濾泡成分感到十分好奇，因排卵需要有個小破口，但卵子一排出後，那道破口很快就會修復，我就在思考是不是因爲濾泡液含有特殊成分，能使卵巢破裂後的小傷口迅速復原？我查了很多關於濾泡液成分的資料，若這個假設成立，那麼就可以直接用在病患身上，能夠在手術時先取出她的濾泡液，然後滴在傷口上加速復原。我進一步思考：這有可能量產嗎？即使使用牛的濾泡，也是有難度的。當時我提出這假設與構想時，北醫很重視，也引起熱議並開會討論，但最後卻無疾而終，雖然我也曾爲此寫過一篇文章，投稿到國際期刊上，但這個創意目前看來是失敗的。

再以我這麼多年來，念茲在茲的教學傳承構想爲例。達文西手術已經是外科手術的極致，這一路我累積了大量的臨床資料，始終希望藉此進展到機器人操刀，但確實有難度，可是這過程卻讓我可以把這些資料轉成大數據，製作成AR（擴增實境）與VR（虛擬實境）教學影片，翻新了百年來未曾變過的外科手術教學模式，醫生可以透過影片模擬開刀，不斷反覆學習，加上現在元宇宙的科技已經跨越虛實的分界，我深信這更能讓醫生在虛擬情境中達到眞實的技術學習。傳統教學方式就是跟在醫生教授旁觀看，我不是說這不好，而是不能一直「看」，卻沒有實際操作，若沒有親自操刀的經驗，看再多都是沒用的。

我在研發機器人操刀過程中，延伸出教學影片這個旁支，一開始雖然沒想到這個，卻發現它很重要，不僅讓更多醫生受惠，我深信這也是與未來機器人操刀接軌的重要一環，但需要時間與技術逐步接軌。

並不是百分之百地成功達到目才能稱作是「先行者」，而是必須能夠想像即便無法達到原本設定的目的，但也可能會走出另一條路。**所以，不需要**

感到挫敗，而是不斷在過程中看見可能性、發揮想像力，並且力行、實踐。

沒有參考架構？做，就對了

別的長處我不敢說，但我很確定自己擁有一個特質，即勇於嘗試並樂於接受挑戰，到現在都還是如此，未曾因爲職涯歷練多、年紀越長，就讓自己的腳步停歇，只要遇到不曾有過的事務，我依然躍躍欲試、積極面對，往往也會因此發揮出更大的潛力，超越原先的水平。

我深信關關難過，關關過，醫學的成就，也會因爲病況永遠不同的狀況下，才能不斷向前推進。

人是活生生的，每一個病例當然都會有不一樣的情況，如果把這些包羅萬象的狀況視爲挑戰，那麼身爲醫生，自然要保持開放與樂觀的態度，來面對每一個來到面前的病患；能夠替病患治癒疾病，讓病患恢復健康，醫生增加了經驗，也將自己的專業度向上提升。

年輕時，我很願意搶在前頭去學習新的事情，當多數人都還在觀望時，我已經搶先扛下、絕不逃避，畢竟能奪得先機，才能引領風騷。畢竟，我進入醫學院就讀時，已經比同齡的人晚了幾年，再加上我念的是中山醫學院，算是所有醫學院中，屬後段班的學校，在校成績已經比不上前面的學校，如果臨床經驗上我還不積極，那就眞的該敲自己腦袋、好好反問自己：「爲何要念醫學院？」**既然選擇這條路，又沒有架構可以參考，那麼，任何事情來到我面前，搶先做，就對了**。

的確也因爲如此，比起同學年的同儕，我快速且加倍累積了非常多的經驗，這對一名醫生的養成來說，非常重要，也間接地形塑出專屬於我個人特色的成就。

我在北榮擔任第三年住院醫生時，有一天，有一檯小手術正在等主治醫生開刀，結果，那位主治醫生的另一個病人臨時有緊急情況得先去處理，他告訴我：「偉民，你先做。」交代我之後就馬上離開。壓根兒沒想到才擔任第三年的住院醫生，就有機會能獨當一面操刀，這通常都要成爲總醫師之後，才能被放行去獨立操作。我當時感到很振奮，沒有絲毫疑慮或恐懼，因為這表示主治醫生對我很肯定，當下也明白，自己一路以來的努力都被看見了，他才會把這重任交付給我。

或許讀者讀到這兒，會有點疑惑：主治醫生這樣做，是否有點輕率？這得回到三十多年前的時空環境。當時的醫療環境、人力、資源都不比現在，就像我們下鄉實習一樣，偏鄉資源有多少，我們就要做多少，而且不可能細分專業與流程。三十年前的醫院專業分科與手術方式也都與今日不一樣，當年主治大夫會這樣做，勢必是另一個狀況更為急迫，才會做出這項決定。但我相信若換成別人，也不見得能夠臨危受命，這就是我一路以來能夠毫無畏懼地向前挺進的最大特質。

身先士卒、勇敢向前的特質讓我一路以來得以獲得很多同儕所沒有的機會，能累積自己的實力，並奠定扎實的經驗，因此也才能在臨床技術上不斷創新、融合、突破。

以爲達文西手術會帶來觀看手術的風潮

二〇二一年初，鴻海集團創辦人郭台銘先生親自陪伴高齡逾九十五歲的母親來本院進行達文西手術。郭先生本人很客氣，問我可不可以觀看手術過程，我說：「當然歡迎！」但他可能怕影響我手術過程，因此他後來說自己站在窗外看即可。

「達文西開刀房沒這設備，您可以直接進來。」我說。

他愣了一下，回我：「你確定我在旁邊不會給你壓力？」

聽到郭先生這話，很有意思。身爲鴻海集團創辦人，郭先生給予外界的印象就是強而有力、意志堅定的領導人形象，特別是在疫情期間，在第一時間就積極努力引進ＢＮＴ疫苗，即使一波多折，他仍不放棄。爲了貫徹意志，過程不免會遇到很多磨合與衝撞，因此可能有不少人認爲郭先生不好惹。

於是，我跟他開個小玩笑回應：「不會，我唯一的壓力是你可能比一般人兒。」他笑笑說，那都是外界的誤解。就這樣，郭先生在達文西手術全程不到兩小時中，始終站在我身邊，透過螢幕看著郭媽媽的手術過程，相當順利。經過那天近距離的短暫相處，郭先生的確是個細膩之人，我也認爲外界對他的解讀的確帶有偏頗。

還不了解或者沒見過達文西手術過程的人，一聽到「手術」，應該都會聯想到站在透明窗外往裡面看，或是透過電視觀看手術過程。然而，達文西手術的好處就是一改過去的距離感，也沒有感染與消毒問題，因爲病患是在另一個空間，而我執行手術的控制檯跟病患保持一段距離。

換言之，我進行手術時，只要換上簡單的手術服，不需要穿上隔離衣，也可以邀請一名家屬在我旁邊觀看整個過程。

到現在爲止，我的達文西手術已經累積了三千八百個案例，大約有九成以上的家屬都會參與，不參與的家屬則是因爲他們本身對於手術比較害怕或有其他考量。

曾經以爲我的做法會讓達文西手術帶來一股家屬參與手術過程的風潮，

也認爲醫生會朝這方向開放。但，事實證明我錯了，至少到這本書出版爲止，一直未成爲主流，遑論熱潮。

後來我想想，要讓家屬一起參與手術，醫生自己必須要有足夠的信心，若沒有充分自我肯定，是很難跨越這道紅線。不只臺灣，全球的醫學界皆然，目前似乎只有我用這個方式讓家屬們成爲手術的見證者。

醫病雙方要有全然的信任

因爲手術室需要考慮消毒與感染問題，傳統手術或腹腔鏡手術也因此無法輕易允許外人進入，而在這樣的封閉空間中，醫生當下的判斷也會成爲一種封閉的決策。當然，往好的方面想，肚子一打開，可能會遇到意料之外的狀況，本來就要立刻決定；然而同樣的狀況，有沒有可能嚇到醫生？就人性來說，醫生是不是也可能因而決定大事化小、不驚動家屬，又或者爲了斬草除根，一口氣下了並不妥適的決定，最後只能跟病患與家屬說：「因爲……

所以必須切除……」這些狀況與當下判斷當然沒有一定標準，所以也會產生很多模糊空間，很多醫療糾紛也因此而起。

嚴格來說，醫生也是高風險職業，遇到的臨床情況千百萬種，而我的手術量很大，自然也遇過與病患（家屬）之間產生誤解的情形。

我曾幫一位卵巢癌患者用達文西手術摘掉卵巢，雖然至今教科書都還沒正面認可以微創進行腫瘤摘除，但我已經使用達文西手術進行了上千個病例，並已在國際上發表論文。後來這位病患復發，一狀告到法院，質疑我為何不用傳統手術？其實，不管用哪種手術，絕對沒有任何醫生能夠保證不復發、活多久，而傳統手術與腹腔鏡手術該做的、能做的，我在達文西手術上都做了，甚至做得更多、更好，包括傷口小、出血量少、在最短時間內康復出院，這些都是傳統手術所不能及的。

醫療本身都會有風險，就算按照教科書走，也不可能保證完全沒事，更不可能因應所有臨床突發狀況，所以，我並不認同病患責難我採用達文西手術，但我可以同理復發的心情，因為身為醫生，沒有人願意看見病患無法恢復健康。

病患對於任何一種醫療方式，勢必都會有所期待，醫病雙方要在全然信任下，才會有最好的效果，每每看見病患因爲復發而感到挫敗，我也會很心疼。

另一方面，身爲醫生，本來就會因爲專業權威而加深病患對其依賴，如果醫生能夠再開放一點、手術過程更透明一些，與病患、家屬之間多些直接的溝通機會，他們的恐懼與猜疑相對也會減少許多，醫病間的信任關係也會有良性循環，這也是爲什麼我會開放病患家屬在旁觀看達文西手術過程的重要原因。

信任，是醫病關係最關鍵的核心

我讀過兩次大學且都沒畢業，後來決定先去當兵三年，因爲無法當預官，所以入伍即是基層的阿兵哥，和社會各式各樣的人相處在一起。我弟弟讀臺大，姊姊讀政大，他們都很優秀，相較之下我就沒那麼優異。但在軍中，我體能好、口才流利，也常常幫助體能較弱的弟兄，因此在軍中有種被看重的感覺，當醫生後，也讓我這份同理心與貼心延續到病人身上。

也許是個人特質使然，打從擔任實習醫師開始，我就很容易與病患、家屬建立起溝通的橋梁，也很容易拉近距離，總體來說，比較少遇到對我感到不信任的案例。

記得在北榮擔任住院醫師第四年以後就必須下鄉服務，先後輪調了幾所醫院：花蓮玉里榮民醫院、蘇澳榮民醫院、嘉義水上榮民醫院還有新店耕莘醫院，每一間醫院都要待上四個月，期間我開了不少大、小手術，在這過程中，我累積了大量的臨床經驗，每一個病例都不同，每次上手術檯都要面對不同挑戰，這是再怎麼認眞坐在教室或實驗室上課，都無法獲得的珍貴經驗。

也因爲我曾經被退學，所以被很多朋友瞧不起，穿上白袍後，便期許自己當個好醫生，用盡各種方式展現自我，像是第四年派駐偏鄉時，我還準備電腦、學打字、寫論文，當年我的同學們根本沒人肯寫，因爲他們下鄉都是去玩，醫學院生涯我就發表了四篇文章，同儕間沒有人做到。的確，我很好勝、很愛出風頭，我必須努力，而且要比一般人還要更加努力。

在嘉義水上榮民醫院服務時，當時有十一個護理長，在那裡的四個月期間，我幫七位護理長開刀，而護理長最清楚醫生的能耐——醫生的醫術、醫德、爲人處世，護理師以及經驗老到的護理長都看在眼裡也最清楚，就連她們也都是趁我去服務的期間，才願意面對隱忍多年的病，前來看診並接受治療。

我是外省第二代，從小就住在眷村裡，根本不會說臺語，而下鄉服務的地方，幾乎都是以臺語溝通爲主，按理說，我和病患之間可能會發生雞同鴨講的窘境，必須仰賴護理師翻譯，即便如此，可能仍無法表達得清楚，但我不曾遇到因爲語言隔閡而產生的問題，在診間，乍聽下國臺語像是各說各話，但問診、醫囑、病患的描述，雙方往返皆暢行無阻，並未因語言不同而有障礙，這也是我行醫以來，非常特殊的經驗。

我想這個關鍵在於「用心」，一旦你用心聆聽就可以在不自覺中，跨越很多障礙，打個比方，很多人對於無心的事，往往充耳不聞，也是這道理。

雖然在每間醫院停留的時間很短，但是「劉偉民」這個名字卻出乎意料地在後山被打響，我壓根兒都不知道是怎麼一回事，因爲從早忙到晚，一進到醫院，不到天黑出不來，連花蓮慈濟醫院、臺東馬偕醫院的病人都跑來玉里榮總找我，甚至還接到玉里國中的校長打電話來：「劉醫師，您不能再開刀了，再開下去，找不到老師代課了。」原來，多數老師都來診間動刀，因爲當時是傳統手術，需要請假一段時間，學校因此唱空城了。

那段時間走在玉里鎮上，沒有人不認識我，當下著實有股滿滿的成就感，覺得下鄉服務一趟，眞的幫助很多人處理了壓抑很久的婦科問題，對醫生來說，自然是一種肯定。那時我的手術從早排到晚，還得看門診，連內外科醫生都來幫忙，你問我累嗎？現在想想，當時竟沒有一絲疲憊感，我想就是憑著源源不絕的熱情與動能吧？

晚間下刀後，就帶著年輕醫師去吃飯，他們多半是陽明醫學院公費生，因爲在鄉下，晚上都沒有什麼事，所以大夥兒就一起去喝點啤酒、唱唱歌，舒緩白天工作壓力，也利用晚間短短的時光以交換經驗，身爲這些年輕醫生的大哥，我很喜歡這種團隊的感覺。

回想起這一段年輕時下鄉服務的過程，當時雖然還沒升上主治醫師，我卻擁有無比的信心。這過程，我走遍許多醫院，也接觸了極大量的病患，臨床經驗迅速累積固然可貴，但與病患的互動、溝通更是重要。

身爲一名醫師，專業固然足以成爲權威，但只要把膝蓋彎一下、身子蹲低一點，與所有人靠近一些，那種彼此信任的感覺，比什麼都重要。

你也可以是位先行者

最後，我想在此歸納一下。

首先，**會說先行者不需要有參考架構，不是要人自滿，而是要找到自己的特色並展現出來。你有某方面不足，一定會有其他方面是強項，每個人有**

強有弱，才是事實。

以我為例，念書雖然不是我最擅長的，但我很願意嘗試，並且樂於與人往來，這在與老師、主管、病人的表達與溝通之間，是能夠加分的。醫病關係需要的不只是醫術，更重要的是信任，而信任來自於溝通，所以我展現親和力，就是我了解自己、展現自己。**若能找到自己的特色，你不會需要參考架構，自然也能夠是一位先行者。**

其次，抱持著開放的心態。最近我遇到一位年輕醫生，他說他的字典裡沒有困難，做事非常勤快，很容易拔得頭籌。我發現他從不抱怨，這樣的年輕人很少見，而且擁有很棒的人格特質！但我不因為他年輕就不當一回事，反而很喜歡從他們身上學習這些吸引人的特質。如果我一副醫界大老的姿態，不把年輕人放在眼裡，這就表示我沒有開放的心態，因為我只是努力在鞏固自己的地位，怕被取代、被挑戰。

這樣一來，先行者就不再是先行者了，而是墨守成規、隨時會被淘汰的守舊人士。

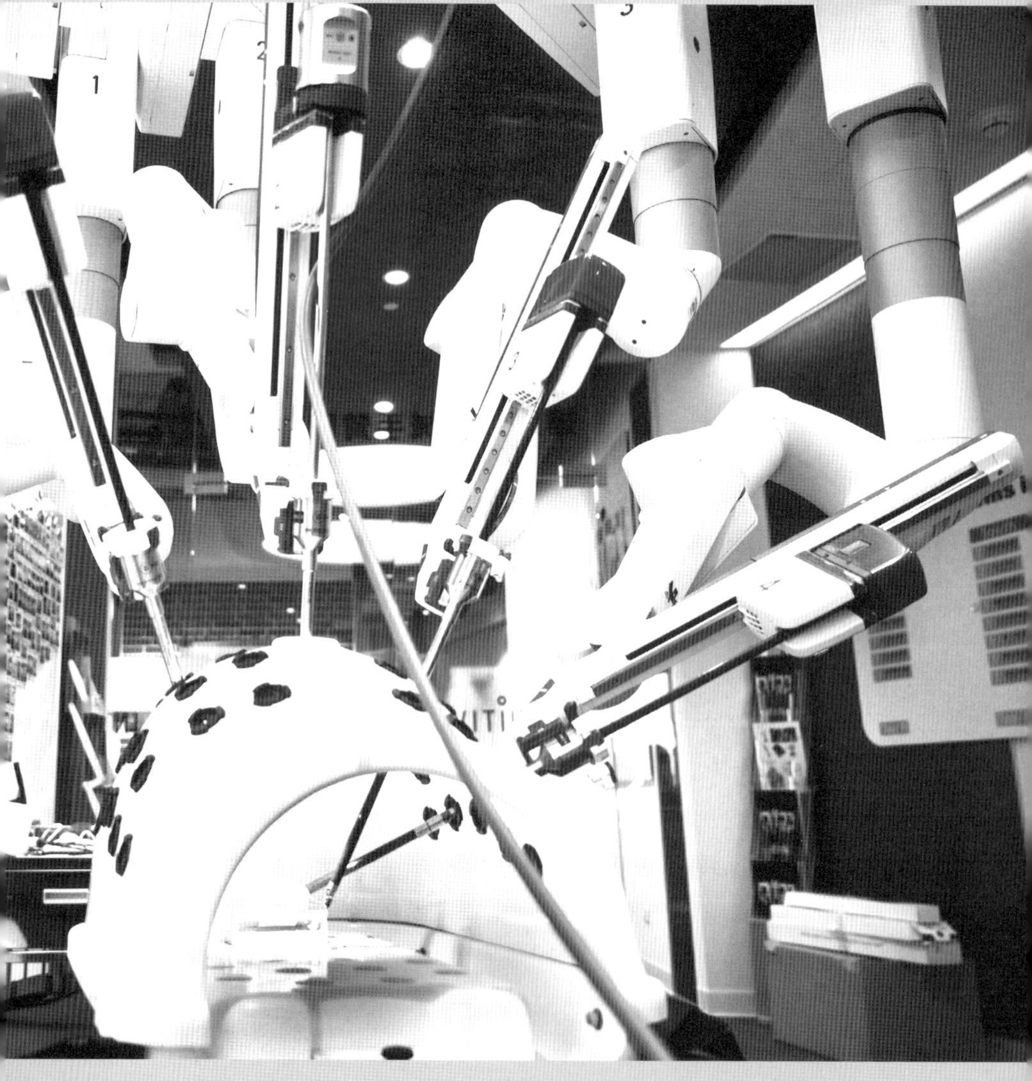
1
2

第二章

醫界張三丰

我很清楚自己有複製與中規中矩的學習困難，因而盡可能拋掉框架、歸零，不讓自己受限，每一次進行全新的學習時，完全讓直覺與經驗引領我向前邁進。

喜歡金庸小說的人，都會知道張三丰的武藝絕倫，而他創立的武當派，不論是太極拳、太極劍，都是難以攻破的招式。曾有醫師把我喻爲張三丰，以此表示肯定，若就膽識與創新來看，似乎確有那麼些許相似之處。

我勇於嘗試、發展各種技術，而這一切要從腹腔鏡手術說起。

用2D想像來操作3D實物

自從一九八九年，世界上第一個利用腹腔鏡切除子宮的手術被報導後，全球婦科手術領域受到極大震撼，婦科醫師無不積極想把這種嶄新的手術技巧學起來，深怕慢了一步就會遭到淘汰。一九九二年我去美國進修，那時腹腔鏡手術正熱烈起步中。嚴格說，我在美國沒有眞正實際操作過，但很清楚知道這是未來的主流，因此返臺後，便開始大力發展腹腔鏡手術。但整個環境無前例可循，得不斷靠自己摸索，回國後，我幾乎完全投入工作，不少朋友還覺得我變了，因爲去美國之前，我常常會跟他們一起出去吃吃喝喝，但從美國進修回來以後，原本熱中社交活動的我，突然變得安靜下來。因爲腹腔鏡手術深深挑起我骨子裡「好，還要更好」的基因，就像張三丰被楊過指點一下，就更加發揮其才，武功邁向更深厚的境界。那時北榮還是以傳統剖腹手術爲主，因此當我開始做腹腔鏡手術，甚至用來治療癌症，就當時而言，是項很大的突破。當下我雖然沒想那麼多，但事後回顧，才看見自己著實具備不怕挑戰的性格，因而能夠不斷精益求精、尋求更高技術突破。

教學時，我把腹腔鏡手術形容爲「利用二度空間想像來操作三度空間體」。簡單來說，傳統手術是將腹部剖開，在器官上直接動刀，眼睛可以直接看到手術的部位；而腹腔鏡手術，要先在腹部打幾個洞，然後將套管分別插入，醫師在操作時，不再是看病人的手術部位，而是必須用眼睛盯著電視螢幕監看，將手術器材伸入套管，尋找正確位置進行手術。這就是我所謂「利用二度空間的想像，來操作三度空間實物」的意涵。

腹腔鏡手術和傳統手術相比，有非常多優點，包括傷口小、出血量少、復原迅速、住院天數少、術後疼痛較輕等，所以很多醫師都躍躍欲試；然而，腹腔鏡手術技巧的複雜程度，要把三度空間轉爲二維平面，也讓當時一票資深醫師打退堂鼓。

然而，腹腔鏡手術也有缺點——對醫生來說，手術工作並不符合人體力學。醫生在手術過程中需要全程站立、兩手懸空，一手拿鑷子、一手拿長柄手術刀，還有一隻腳必須踩踏板，長期下來，等於靠單腳站立，時間一久，就會非常疲憊；助手則要幫忙調整鏡頭，讓醫生能夠看著螢幕精準操作，如果助手不夠靈活、經驗不夠，醫生還要開口下指令或是自己動手調整，這些都是干擾手術進行的障礙與限制。

因此，對於很多醫生來說，傳統手術做得很好的，就不會有太大的意願轉換到腹腔鏡手術上。我最常聽到堅持傳統手術的醫生說，把傷口開得越大，眼睛就可以看得越清楚。乍聽之下好像滿合理的，但其實並不是如此，換個方式說，萬一病人的腫瘤有二、三十公分大，就要開一個這麼大的洞，直接往腹腔裡看？癌症病人難道不在乎在身上開一個這麼大的洞？就算可以這樣做，醫生眞的保證看得清楚？臉跟眼睛要貼得多近？醫生靠得再近，洞開得再大，都有一定的距離，醫生的眼睛中就不可能放進你的身體裡。

前面的章節提到先行者不需要框架。年輕時，我的個性就引導我嘗試任何新的事物，不需要等待老師出現，或者特地拜師學藝，只要憑著直覺與努力，都可以有所突破。剛開始做腹腔鏡手術時，我沒有跟著哪位醫生學習，幾乎是無師自通。這並不是我天生就具備的能力，而是我從下鄉服務開始累積大量的手術經驗，在人體結構、手術概念打下深厚根基，因此，當腹腔鏡手術要以2D視覺來運作3D人體時，我依然可以轉換傳統手術的思維，不會把這些新的技術視爲障礙，所以用自己想要的方式操作儀器眞的不難，而對於新進醫生或者醫學系的學生來說，我會鼓勵大家盡可能多操作，**唯有透過扎實操作才能累積經驗，這才是你眞正的資料庫**。

不過，我也想到自己另一個可能是缺點的特質：我似乎有聽覺上的學習障礙。從小上課時，我就很少仰賴老師在課堂上講課而學習知識，因此很少照老師的話做些什麼，都是憑著自己的感覺翻書，覺得有興趣、吸引我的才會去深入探討，當然也因此走了不少冤枉路。這種學習障礙延續到踏入醫學院時，我也很難跟著老師學習技術與複製他們的經驗，即便他們都是圈內公認的醫術佼佼者，我就是很難成爲「聽話」的學生。

當時臺灣少有人可以指導腹腔鏡手術，早期長庚醫院算是發展得相對早，也比較好，想要學習此技術的人，如果不出國，就會到長庚跟刀；如果跑去國外學，因爲語言障礙，多半會找臺灣籍醫生取經。曾經有一位臺灣醫生在美國把腹腔鏡手術做得非常出色，也吸引了幾乎所有越洋取經的臺灣醫生追隨他。雖然彼此不認識，但他後來應該聽過我的名字，因此他回臺灣後，在醫學會議上見到我時就說：「臺灣所有做腹腔鏡手術的醫師幾乎都是我的學生，只有你不是。」聽他這麼一說，我立刻回應他：「但您是我的role model（榜樣）。」儘管我沒有向他學習，但畢竟是前輩，我不會因爲自學而恃才傲物。

需要決心的新技術

金庸小說裡的張三丰，所有招式幾乎都是無師自通。在腹腔鏡的技術上，我應當可歸在醫學裡的武當派、醫界的張三丰。**我很清楚自己有複製與中規中矩的學習困難，因而盡可能拋掉框架、歸零，不讓自己受限，每一次進行全新的學習時，完全讓直覺與經驗引領我向前邁進。**當時研究腹腔鏡手術時，我簡單看過儀器的操作手冊指引，並實際在機器上練習，不斷思考，就這樣摸索出自己的一套方式，在臨床上不斷運用，純熟不已。

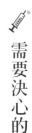

在執行手術時，醫生其實是個藝術家，也是雕刻家。每一次動刀，都是刻畫一件獨特的作品，而每件作品都是每位病患獨一無二的特質展現，醫生需要如實地按自己的想法執行，理性與感性必須同時具備。當時我在探索腹腔鏡手術時，就確信這門技術可能除了剖腹產子等傳統手術能做到的所有事情之外，還能超越傳統手術所無法克服的困難。

對於很多醫生來說，要學習腹腔鏡手術這門新技術需要有決心，若怕難、怕麻煩、不熱中，那就只能被動保守地固守在傳統手術上，但又免不了會擔心病人被新技術吸引而跑掉。我曾聽說有的醫生會這樣告訴病人：「腹腔鏡手術切不乾淨。」其實，這是一種誤導。舉例來說，以腹腔鏡手術進行淋巴切除，能夠比傳統手術處理得更乾淨，因爲腹腔鏡手術可以把鏡頭伸至淋巴旁邊，讓所有微小血管在螢幕裡呈現放大影像，不但比直接用肉眼看還清楚，還可以先將小血管燒掉，讓手術過程乾乾淨淨，不像傳統手術出血量那麼大；再者，腹腔鏡手術不須用手直接接觸體內器官，更不會出現手術後才發現器具、棉花還留在肚子裡的窘境。

腹腔鏡手術剛開始推行時資訊不多，病人難免有疑慮，不過路遙知馬力，經過時間與經驗的堆疊，後來就有越來越多的手術都以腹腔鏡操作，來自於傳統老派醫生們的批評聲浪自然也越來越弱。

這是在二十多年前的事，當醫界還糾結於腹腔鏡手術，當時卻怎麼也沒想到，後來居然還會有達文西手術更加超前，證實了醫療科技的進步，前後相差將近三十年代溝。不管哪一個領域，任何一項新技術出來，大家會本能地保護自己的舊領域，因爲很怕被淘汰，卻又對於新技術望之卻步，不敢嘗試也不想學習。以攝影技術爲例，數位相機問世後，傳統膠卷逐漸式微，現在雖然還有玩家在玩，但屬於小眾，而醫學技術來說，新的技術一定會有部分比例取代舊的，畢竟醫學要不斷創新發展，不可能停留在原地，此時，若醫生抱持抗拒心態，就會很容易被淘汰。從腹腔鏡到達文西，前後代差二十年，醫療技術已經變革不知道多少回，當然，我也同意使用任何一種技術，只要能將其發揮到最好，都是沒問題的，但問題是，如果能有更先進、更安全、更精準的技術，爲何不用呢？

腳步超前，引領風潮

我不喜歡安於現狀，感覺就像是工作缺乏挑戰，讓人深感乏味，但要從安逸與慣性中跳脫，不是件容易的事，而我從沒有把工作變得無聊的最重要關鍵在於：即使到現在，我還是盡可能堅持親自操作手術，一方面把體力、耐力維持在一定程度上，更重要的是，病患永遠都有其獨特的問題與考驗，至少對我而言，每天面對不同病人，就會不斷累積實戰經驗。

在腹腔鏡手術尚未發展前，大約是我還在擔任住院醫師階段，傳統手術不外乎幾大類，如子宮頸癌必須做的「子宮根除術」、腹部「全子宮切除術」、由陰道做的「全子宮切除術」、前後陰道修補手術、卵巢囊腫切除手術，以及一種針對卵巢癌，名為「手術分期」的手術等。直到我出國前，都沒太大變化。

而從一九九五年開始，我跨入腹腔鏡手術領域並大力推廣，治療了數十例早期的子宮內膜癌，不只成為臺灣第一個運用腹腔鏡進行子宮內膜癌手術的醫師，在亞洲也是領先地位。一九九八年海峽兩岸醫學交流大會上，我發表手術經驗，沒想到引起極大迴響。

用腹腔鏡做子宮內膜癌手術是一項極大挑戰，因為必須把骨盆腔淋巴和主靜動脈淋巴予以切除。以前這種手術必須開個三、四十公分那麼大的傷口，有了腹腔鏡手術後，只要打四個不超過一公分的洞就好，接著從這些洞把所有血管都阻斷，然後切除淋巴，一個一個取出來，再把子宮和兩側卵巢從陰道拿出來即可。病患因傷口小，恢復得也快，通常在手術結束後的第二天或第三天就可以出院，兩週內就可以回到工作崗位，傳統手術就沒辦法這樣。光是一個三、四十公分那麼大的傷口，復原就得要花上一個月的時間，且疤痕會很大，更別說其他因爲傳統手術造成的不便，如出血、疼痛等。

另外，以前面對子宮頸原位癌時，大多直接切除子宮，但是我在美國進修時卻發現，美國各大醫院都普遍使用「子宮頸電極環狀切除術」這種新穎且簡單的手術方法，來治療子宮頸原位癌，只是臺灣沒有大力推行，於是我回國後，便開始大力推廣這項新手術。爲什麼要推行這項手術？因爲這讓子宮頸原位癌患者不必切除子宮，尤其對仍在育齡年紀中的女性，還可以正常懷孕生產。這項手術只需要在子宮頸局部麻醉，手術過程不超過十分鐘，病人就可以回家。

後來，我在媒體上發表「子宮頸電極環狀切除術」，並以「在門診即可做的原位癌手術，不必切除子宮，做完就回家」的方式宣導，很快就引起關注，廣獲好評之際，也逐漸形成一種社會壓力。當時，我在記者會上拿出自己的臨床經驗統計值，來比較子宮全切除與這項手術的復發率，在四百多位原位癌的病患當中，兩者的復發率只相差不到一％，統計上可以忽略，經由媒體報導，果然引起一股風潮。當病人看到這則消息以後，就會直接問他們的醫師：「爲什麼別的醫師說可以不用拿子宮，你卻要拿掉我的子宮？」一個病患這樣問也罷，但整個輿論不斷發酵，不難想像死守著傳統切除子宮手術的那些醫生，會遭遇到多大壓力。

現在罹患子宮頸癌的病患年齡層越來越低，試想，假如就這樣把子宮拿掉，無異宣告年輕女孩這輩子沒機會懷孕生子。而子宮頸電極環狀切除術避免病人子宮被切除，並取代過去傳統圓錐切除手術的疼痛。根據一位病人形容，子宮頸電極環狀切除術比拔牙還快，而且不痛。

願意嘗試，就有突破

很多人都好奇，我是如何帶動一些創新風潮，包括後來的達文西手術？基本上，每當我碰到棘手的問題，就會想去嘗試一些新的方法與技巧來克服它。這些手術也許是別人在國外曾經做過的，我會在取得病人的同意後加以執行。通常病人了解我的想法後，多半會接受我的建議，因爲他們也知道，新的技術所帶來的好處與風險勝過舊的技術。

因此，當新的技術在大環境還不普遍時，不免有質疑聲，這也是先行者要面對的狀況，但是無論如何，**只要與病患之間建立起共識，我們都願意嘗試新的醫療方法，就可以有突破性的技術發展。**

回想起這些新手術的推展歷程，從嘗試創新、遭受輿論抨擊到被接受、肯定，這過程還眞是如人飲水，冷暖自知。要走過，不是那麼容易。

第三章

允文允武，獲得世界大獎肯定

回想這一路，我深深體認到，一個人在進入任何一個行業以後，如果想要嘗到成功的果實，必須得在原本崗位上站穩腳步、持續努力，並保持旺盛的企圖心。

我這個曾被兩度退學的學生，當時幾乎像是被全世界宣告淘汰出局，根本想不到在二〇〇〇年、二〇〇一年連續兩年都獲得世界婦科內視鏡大會論文首獎，我竟能因爲學術貢獻而獲得肯定！

一九九八年春天，臺北市衛生局的吳姓科長打電話來表示，因衛生局想要出版女性醫學相關書籍，希望我可以爲子宮肌瘤相關醫學知識與治療方式提供資訊。

「劉醫師，有沒有什麼新的醫學方法可以讓罹患子宮肌瘤的婦女不用切除子宮？」她問。

說實話，當下我眞的沒有什麼太多想法。

「如果不想切除子宮，動手術把肌瘤拿掉就好了，不過五年內復發的機率幾乎是五〇％。」我這麼簡單地回覆了科長，不是虛應故事，而是沒有新的概念冒出來。但是掛掉電話後，我心中卻一直有股懸念。

一位法國放射科醫師的刺激

「只能這樣嗎？」我問自己。

通常這也是我不斷向前創新的燃煤劑與推動力。於是，我開始翻找資料，希望有更多的靈感激盪。就在無意間瞥見了「利用栓塞法來治療子宮肌瘤」這個在國際醫學期刊中的一個標題，立刻讓我聚焦於此。

這篇文章是一位法國放射科醫師所發表。栓塞療法的原理，是從大腿股動脈伸進一根小管子到子宮動脈去，接著在管內放進一些小粒子，讓它們隨著血液流動，最後讓整個子宮動脈阻塞，使肌瘤無法得到養分，就會慢慢地萎縮。根據這篇論文資料，當時這種栓塞療法在全世界只完成了約三百個案例。即使文章並非出自於婦產科醫師之手，而是放射科，但當我讀到這則訊息時，心中終於有了靈感：「假如利用動脈阻塞就有辦法治療子宮肌瘤，那麼我也可以啊！」雖然我不是放射科醫師，但是我專精於腹腔鏡手術，相當熟稔，且長期做子宮頸癌等大手術，對後骨盆腔的結構非常熟悉。如果我利用腹腔鏡伸到後骨盆腔去，將動脈分出來，然後燒斷子宮動脈，是否也可以達到相同的效果呢？

就像是發現新大陸、新宇宙般，我興奮地開始構思整個手術流程。

當然，在技術上還是有些地方需要克服，但都不是什麼大問題，因爲原理相同，差別只在於放射科醫生所操作的方式，與外科的操作方式略有不同，必須特別注意的是，爲了不傷及子宮動脈周遭任何組織或器官，我得運用卓越的腹腔鏡手術技巧，在後腹膜上開一個小口並伸進去操作。我一遍又一遍地構思，沙盤推演整個手術流程，甚至連午夜夢迴，這套新技術都在腦海中縈繞不去。隔天，門診正巧來了兩位因爲子宮肌瘤想要切除子宮的病人，我便徵詢她們的意見，是否同意我對她們進行該手術。

讀者或許會覺得我很瘋狂，也或許可以理解無師自通的「醫界張三丰」這一路以來是用什麼樣的方式不斷克服困難、前進、創新。能有法國放射科醫生這篇文章，已經算是讓我撿到寶了，若沒有好好發揮，豈不就是白白讓一項能夠造福婦女的新技術溜走？

我告訴這兩位病患：「最近有一種嶄新的手術方式構想，結合我過去曾運用的技術，先燒斷子宮動脈，再切除子宮，而這次我想保留子宮，也不去動肌瘤，而是讓肌瘤自行萎縮，如此一來，經期出血量大或是經痛等症狀都會有所改善，妳們願不願意試試看？當然，如果手術不成功，子宮還是必須切除。」這項創新實驗，我眞正的目的是希望減少大手術帶來的後遺症，也希望在最大的可能性下保留子宮。不論年紀，子宮對女性來說，是相當重要的象徵，年輕女孩需要它孕育生命不說，即使是停經婦女，子宮仍是女性精神所在。能夠保留子宮，我相信是絕大多數女性的心聲。

你可能認爲病患不一定願意嘗試，畢竟有種實驗與風險的感覺。但事實不然，這兩位病患很快就答應了。爲什麼？一來，在這之前，女性朋友幾乎在沒有其他選擇的情況下，只能切除子宮，但我的「子宮動脈栓塞術」卻有機會保留子宮，她們當然非常願意成爲受試者，且如果手術不成，頂多回到原點，把子宮拿掉，所以這兩位病患都躍躍欲試，希望成爲全球第一與第二個案例。**任何一項新的醫學發明，不論是技術或者是醫藥，都得有先行者先**

踏出去，才可能開創新局。

「子宮動脈栓塞術」的難度在於子宮動脈很細小，光是要把子宮動脈分出來就不容易。當時的我已經累積了兩千多例腹腔鏡手術的經驗，以及上百例子宮頸癌手術經驗，雖然這兩位病患的子宮肌瘤都不算小，但手術過程還算順利。第一位約四十分鐘，第二位大概四十五分鐘。

手術當天，許多年輕醫師與護理人員一聽到我又有新的嘗試，便抱著興奮的心情前來觀摩。當天開刀房湧進許多人，甚至在手術的過程中，不少人還發出讚嘆聲。這兩位病患順利的手術結果讓我更加振奮，畢竟這算是一個創舉，而且應該是全世界首創！

碰到路上的石頭，要選擇跨過還是被它絆倒？

術後三個月，我一方面持續進行其他手術，一方面定期追蹤那兩位病人，果然發現子宮肌瘤大約縮小了一半。確定了手術成果後，我寫了一篇醫學評論的文章，在《自由時報》刊登。文中提到這項手術是受到法國人運用「子宮動脈栓塞術」來治療子宮肌瘤的啓發，而在結尾處，我也稍微提及自己所做的「腹腔鏡子宮血管阻斷術」，期望以不同的途徑阻斷子宮動脈，來達到同樣的目的與治療效果。

此文一刊出，立即得到兩種截然不同的迴響。一是來自病人，有許多病人來電詢問我相關手術問題，而另一個是激烈的抨擊，來自於我的同行。記者告訴我，榮總有位醫師打電話去報社，質疑我是在胡搞，要總編輯登報道歉。除了記者與報社被搞得七葷八素，榮總的公關部門也接獲某位同事質疑：「劉偉民有沒有經過公關部門來發表這篇文章？」甚至要求主管必須將我記過處分。當天下午我在看診時，主管來了一通電話：「你是怎麼想到這個方法的？」「我是受法國人的子宮動脈栓塞術的理論啓發，如果他們能夠用放射科的方法堵塞血管，那我也可以運用腹腔鏡的技術做到，這是相同原理。」

主管要求我將國際期刊上的相關報導整理給他，之後他不置可否，因此我繼續做我的手術。大約過了一個月，某天，一位病人告訴我：「劉醫師，你們科裡還有別的醫師也在做這樣的手術喔！」

我愣了一下，問道：「是誰？」他隨即拿了報紙給我看，當下恍然大悟，不禁莞爾。這位「也做同樣手術」的醫生，不就是一個月前要求《自由時報》道歉，同時要求主管將我記過的那位同仁嗎？怎麼才過沒多久，他自己也做起這個手術來，還寫了一篇圖文並茂的文章，投稿到《中國時報》的醫學專刊，標題是「子宮肌瘤治療的新方法」。然而，文中並沒有提到這個手術的出處。不過，從那之後，陸續都有醫師發表了一些關於這個阻斷手術的文章，卻從來沒有人提到是誰創造的。

一般人可能最怕兩種人，第一是不要命的人，因爲他拿性命跟你賭；第二是不要臉的人，他臉都可以不要了，當然也就無所忌憚，任何事都做得出來。

這項創新技術出自於誰，大家都心知肚明，沒想到這位在背後捅人，又把創意拿走的醫師，竟臉不紅氣不喘地大肆爲自己宣傳。他強調這是一種創新的手法、全新的嘗試，還印了一大堆傳單發給病人。必須承認，我的確有股作品被人剽竊的感覺，很不舒服，不過這對我也有好處，激發了不服輸的個性，再度把我向前推進。

因爲我不是個遇到阻礙就會打退堂鼓的人。

在完成第一個手術後的六個月，我正式寫了一篇醫學論文，送到世界知名權威的腹腔鏡醫學期刊發表。由於這是項創舉，所以前後共修改了四次，回答了審核委員三十多個問題，最後才在二〇〇〇年二月刊登出來。在論文還沒有發表以前，我自己也很緊張，因爲只要有新的技術問世，就會有許多想剽竊你的技術、竊取你的想法的投機分子。在論文中，我特別提到這是世界上第一篇關於這個手術的正式醫學報告，而期刊的審查委員們經過嚴格的確認之後，也同意我的說法，終於奠定了我在這個領域的國際地位。

發明腹腔鏡子宮血管阻斷術後兩年多，當時我很積極地陸續在幾份世界性的醫學期刊發表了十幾篇文章，其中有一份是全世界婦科醫師公認最具權威的《受孕與不孕》（*Fertility and Sterility*），很多重要的醫學文獻都在這份刊物上發表過，由於審查非常嚴格，當時臺灣婦科醫學報告能刊登在這份學術期刊上的文章很有限。

一份期刊刊登，或許是運氣，兩份刊登，可能還是運氣，三份、四份、五份……「運氣說」就慢慢動搖了，我的論文獲超過十幾份期刊肯定，這應該不是運氣，該算是實力了。有這些權威期刊幫我背書，質疑聲浪自會慢慢消退。

新舊交替需要蛻變

往往在邁向一個嶄新的紀元前，就是會遇到更大的風暴，因爲新舊交替，需要換軌、蛻變。電動車大廠特斯拉與美國太空探索技術公司（SpaceX）執行長馬斯克很早以前就有太空夢，但那時候他嘗試飛行時，被很多人訕笑，因爲太空權象徵國家戰略，曾是冷戰時期美蘇兩強爭霸的領域，怎麼可能落入一般企業之手？但馬斯克做到了。就在二〇二〇年十一月十五日，美國太空總署委由SpaceX打造的飛龍號太空船，搭載四名太空人升空，並於十六日與國際太空站成功對接，這是象徵太空事業邁向商業化的重要里程碑。

過去，誰會相信一般企業有這能力？就像我在手術上屢屢創新，一開始也很難讓人相信這些突破。醫學上的創新，並非只局限於某項技術或藥物的發明，在外科手術上，有很多細膩的流程，都是一個又一個看似微不足道的翻新與創舉。以我熟稔的領域來說，我在早期傳統手術上奠定基礎，一路來到腹腔鏡手術，再到達文西，這三層領域所累積的豐厚技巧與經驗，常常讓我在手術檯上可以交互運用原理與概念，從來都不是在一項新技術誕生後，就把過去的技術全都拋掉，因爲現在醫療科技越來越細膩，每一項發明都會針對不同細節做出全新的見解，但人體是整體運作的，若只鑽研一種醫療方式，可能就會見樹不見林；而我一路所鍛鍊的臨床經驗，讓我可以在樹與森林之間穿梭，知道何時該用什麼工具、什麼方法來治療病患。千萬別以爲這些過程都是理所當然的，如果我有空，每一檯手術都可以再寫出一篇關於創新的論文。

年輕氣盛的代價

醫學進展特別仰賴整合與融合，逐步堆疊出另一個形於外的重大發明與進展。我曾碰過一個驚險的病例，她的肌瘤跟籃球一樣大，一切開才發現若要拿掉肌瘤，子宮就會上下斷成兩半，這時就要決定：要拿掉整個子宮？還是保留它？我相信所有醫生爲了保險起見，百分之九十九都會選擇摘除子宮，但我決定保留，於是得冒險「縫合」它，理由很簡單：因爲她還年輕，可能還會想生小孩。

把斷成兩半的子宮縫起來是頭一遭，雖然不是什麼大發明，卻是前所未有的挑戰與突破，後來該名病患眞的用了這個被我縫合的子宮生了第二個健康的寶寶。如果我沒有這份勇氣，而選擇打安全牌，循著一般路徑，那麼我在臨床上的經驗就不會如此豐富，也不可能抵達從腹腔鏡手術到達文西手術這不斷超越的巔峰。

如果在美國，我在手術上的膽識與嘗試會有說服力，但偏偏就是道道地地在臺灣創造出來的技術，並且經常領先歐美醫學界，站在人性層面上，臺灣圈子小，很多人不認同我的作法，因爲我跑得太快，反而是國外較有空間讓我發表創新的醫療技術，這也是爲何這麼多年來，我始終積極向世界權威期刊投稿的原因，除了獲得國際認可之外，在國際上曝光，對我的學術地位也有幫助。只不過，在獲得國際肯定之前，我的日子並不好過。

某次會議上，主任、資深主治醫師們一致通過要求我立即停止腹腔鏡子宮血管阻斷術手術這項決定，且日後禁止再實施這項手術。

聽到部門的決議，我雖然難過，但是相對地，卻讓我更加堅定決心走下去，這一次，我絕不退縮，因爲我相信這個手術有它存在的意義；再者，當初我在推廣腹腔鏡手術時，已經遭遇過黑函事件，我被指控「手術氾濫、胡亂切除子宮、沒有醫德」等，當時爲了證明自己是被莫須有罪名陷害，憤而辭職以示清白，是院方設法將我留下來的，那麼這一回，院方要我終止腹腔鏡子宮血管阻斷術，心想：「除非炒我魷魚，不然沒得談。」當然，我也抱持著得立即捲鋪蓋走人的決心。

第二天，我照例繼續進行腹腔鏡子宮血管阻斷術。我一進開刀房的更衣室，就看到主管在那等我。他憤怒地說：「你公然向我挑戰權威，完全不在乎部門規定，別人看到會怎麼說？」我明白地回應他：「我深信這個手術有它存在的價值，開會時，有哪位醫師眞正試圖去了解這個手術？既然不了解，反對的理由就沒有正當性，更何況從私心來講，即使我證明了這個手術的成功，它的技術難度又有多少醫生可以承受？」

主管聽了我的話，不發一語地離開。從那天開始，主管的態度果眞有了一百八十度轉變，且在一九九九年九月，他還主動要求北榮召開記者會，向媒體宣布這項技術，並表示全力支持我。讀者一定不解：他的態度爲何不變？我相信當時有兩個原因促使他這麼做。一是國外的醫學期刊已來函通知，接受我的文章刊登，其次是一些國內的醫院也公然在媒體上宣稱是他們發現子宮肌瘤手術的新方法。

這些都是促使主管到北榮整體官方態度轉向的關鍵。院方決定舉辦一場記者會，把這項手術的創新主導地位拿回來，那次記者會是我這一生到目前爲止，最盛大的場面。因爲之前媒體已經不斷報導腹腔鏡子宮血管阻斷術相關訊息，這些內容等於是不斷爲記者會加溫，當天現場果然湧入大量媒體，擠滿了整個大型會議室。記得那天上午我還有門診，從早上八點半開始，一直要到晚上十點半才看得完，一天大約看了三百二十個病人，而光是初診就有八十位。

記者會結束之後，每次門診大概都會出現幾十位來找我的初診病患，他們不辭千里地從全世界各地前來北榮，讓我見識到媒體傳播的強大力量。

這場記者會看似風光，一方面把我推向高峰，但是另一方面卻也是我向下墜落的分歧點。

唯有做得更好，質疑聲才會消退

我有位病人會算命，記者會後，她告訴我：「這可能是災難的開始。」

當下我不以爲意，畢竟身在光環裡頭的我年輕氣盛，怎會理解這番話的意義？事後回想才明白，因為成名，我占據了各大媒體版面，有多少求助無門的病患會導向我這裡，又會因此引起多少同行嫉妒？我犯了很大的錯誤，就是不夠低調。當年我才四十出頭，加上自認一路以來的成就，都是由自己開拓的，恃才傲物、不可一世，沒有人提醒我，或者即便提醒了，我也不當一回事，直到全臺灣的婦產科醫生都變成我的敵人後，我才驚覺事態嚴重。

所謂「聯合次要敵人，打擊主要敵人」，當時我就是同性同行眼中明顯的目標，他們會聯手打擊我；異性則會跑來靠近我，而我也自認具有魅力，對於這種事情也在不知不覺中失了準。

從小，我就一直是邊緣人，念書成績不怎麼優異，大多是及格邊緣不說，歷經幾次退學、提早入伍服役，念的中山醫學院又是醫學院的後段班，而且還是加分上去的。像我這樣的經歷卻沒變成社會標準下的「壞孩子」，已經值得額手稱慶，現在變成了鎂光燈焦點，事業頗有一番成就，邊緣變成主流，一時間，我的確迷失了。

後來發生的人體實驗控訴、被週刊跟拍、離開北榮，都跟這場記者會有關，或說，記者會是我人生即將邁入轉折的一種象徵。

即使到今天，我還是沒學會低調，因爲達文西手術的成就仍讓我成爲被關注的對象，而第二名與第三名跟我的差距太大，所以臺灣關於達文西的研討會從來沒有人邀請我去。

雖然沒有學會低調，但我更加確立一個信念：唯有做得更好，質疑聲才會消退。雖然質疑聲浪不曾斷過，但這過程裡，我像是一次一次脫殼蛻變，不斷提升與擴展。其實，內心很感謝打擊我的人。

雙獎肯定，攀登巔峰

寫論文、獲獎，現在看起來可能覺得沒什麼，畢竟全世界有這麼多期刊，這麼多管道可以發表，說眞的，哪個獎代表什麼，除非圈內人，不然一般人也很難理解箇中意義。但換個方式思考，有多少眞槍實戰的臨床醫生會再另外花心思寫論文？論文本身不是理論歸納、演繹抽象地談，而是匯聚許多案例佐證論文的基本假設。

如果不是幾乎整天投入在手術檯上，是很難有這種量化基礎把經驗抽譯爲理論，進而發展成論文。但話說回來，成天門診、手術，已經夠累了，還要再寫論文，如果沒有堅強的意志力，根本做不到。這也是我常年保持運動的主因，不論天氣如何，我固定五點起床，且一定出門運動一個半小時，偶爾傍晚再做點重訓。這樣的規律生活節奏只有在二〇二一年五月新冠肺炎疫情爆發時，受到些許影響，但我也很快調整到盡量不出門，或者出門時間短一點的情況下保持運動習慣。

二〇〇〇年，是我職涯很重要的一年。這一年，我同時獲得榮總醫療創新獎與世界婦科內視鏡大會論文首獎。

榮總醫療創新獎是由各科臨床提報各自新發明與新技術，再由全院評審委員來評分。這一年，婦產部推派我以「腹腔鏡子宮血管阻斷術」參賽，每位參賽者都要針對自己的創作進行十分鐘簡報，將成果介紹給十八位評審委員，包括院長、副院長及各科的部門主管。

「偉民，評審結果已經公布了，你是第一名！」三天後，主管打電話來通知我。事實上，當天簡報做完，從在場評審的反應，我差不多心裡有數了，不過知道確切結果時還是非常興奮。主管在辦公室走廊遇到我時，還特別提醒我：「這事不要張揚，免得刺激其他同仁，反而不好。」他的考量，我完全同意，畢竟從榮總開院四十年來，婦產科從來沒得過這個獎，如今我拿下全院第一名，可說是婦產科的空前紀錄，因此主管傾向低調，以免樹大招風。同樣是三天後，我收到一封來自美國的通知信件，告知我所撰寫的「腹腔鏡子宮血管阻斷術」論文得到了二〇〇〇年世界婦科內視鏡大會論文首獎，大會邀請我前去演講並領獎。

過去臺灣人從未得過這個獎項，在全亞洲也堪稱首次。我立即把這個好消息告訴主管，他竟然比我還要高興，壓根兒忘記三天前他才提醒我「別太張揚」，結果他馬上請總醫師製作了幾份大字報，一走進北榮大廳，就會清楚看到「賀劉偉民醫師榮獲二〇〇〇年世界婦科內視鏡大會論文首獎！」幾份賀喜大字報貼得醫院到處都是，主管還要求公關部門發稿通知媒體。

短短三天內，同時獲得榮總醫療新創首獎與世界婦科內視鏡大會論文首獎，一時間不敢相信自己怎麼會如此幸運，是做夢嗎？

站穩腳步，持續努力

從我開始全力朝向腹腔鏡手術的創新、發明腹腔鏡子宮血管阻斷術，到被論文大獎肯定時，時隔三年多。這一路風風雨雨，若我沒有挺過去，或者早些時候走人，恐怕都不會有這得來不易且最榮耀的肯定。當下心情眞的是五味雜陳、百感交集，慶幸自己熬了過來。

世界婦科內視鏡大會論文首獎的消息曝光後，緊接著就是醫師節。在慶祝大會上，衛生署署長及退輔會主任委員均到場，北榮院長在致詞時提到：「我們醫院四十年歷史當中，最偉大的成有兩件事，而且都是世界上首屈一指的貢獻，一個是婦產部的子宮血管阻斷術，另一個就是神經外科的神經接合術。」身爲子宮血管阻斷術的創始人，這讓我深感榮耀。如果兩年前我離開了北榮，這一切不知道還會不會發生？或許我仍然會得獎，但是光芒絕對不會這麼燦爛，畢竟榮總是國家級醫學中心。

榮總四十年院慶的時候，電視節目《華視新聞雜誌》還針對榮總婦科部門做了特別報導，主題除了張昇平主任的亞洲第一例試管嬰兒之外，還有我首創的「腹腔鏡子宮血管阻斷術」，初期這項手術在健保上還沒有給付，採自費，一位病人做一次手術需花四、五萬元，且須住院兩天，然而願意嘗試的病人還是很多，這讓婦產科部門從原先每年虧損到打平，接著逐漸出現盈餘，這是在推出腹腔鏡子宮血管阻斷術之前不曾有過的轉虧爲盈，也算是我回饋北榮和婦產部多年來對我的栽培。

當然，並非每個病人都適合做這個手術。看診時，我會依據病人的狀況，中肯地建議她們最合適的醫療方式。我所累積的豐富經驗可以做客觀判斷，不會強迫推銷自己發明的手術方法。

回想這一路，我深深體認到，一個人在進入任何一個行業以後，如果想要嘗到成功的果實，必須得在原本崗位上站穩腳步、持續努力，並保持旺盛的企圖心；其次是不要故步自封，被制度框架所限，因爲每個人都有其獨特的氣質和潛能，因此以無比的自信、做眞正的自己爲前提，把它們充分發揮出來，別一味遷就別人的想法；最後，必須懂得把握機會。以我爲例，基本上，我會運用所擁有的資源去做更多事，而不是停格在一個自以爲的成就上，就不再動了，這是我的本質。

每個人都有自己的特質，只要你能找到並肯定自己，不管外界如何看待你，都要對自己抱持樂觀與不放棄的心，就可以走自己的路，無須複製且獨一無二。

當初我會創造「腹腔鏡子宮血管阻斷術」，正是因爲本章開宗明義提到臺北市政府準備彙編一本教導女性如何保護子宮的書，內容提到子宮肌瘤的治療時，他們問我有沒有什麼新的方法可供參考。

沒想到，他們提出這個看似簡單不過的問題，卻引起我一連串的思考。秉持著勇於嘗試的態度，樂於接受挑戰及承擔一切後果的精神，不斷探索下去，再加上有太多子宮肌瘤的病患前來求診，讓我有機會嘗試新的手術治療可能性。在各種主客觀因素相互激盪之下，成就才能水到渠成。

很多人往往不懂得自己手上所掌握的資源有多豐富，只是每天空等機會、羨慕別人、自怨自艾，怨嘆苦無機會、懷才不遇。實際上，**機會就在自己手中，只是你是否懂得掌握而已**。我能在兩度婚姻失敗後重新振作，看似跌入人生谷底後再站起，而且旁人都以為當下就是我事業的高峰，不會再有新的可能性出現，用一般退休年齡審視我的未來。要知道，躋身世界醫學的殿堂，靠的是無與倫比的意志力，不是看衰我的眼光。

三十年前開始晨跑和運動後，再大的風雨我都不曾間斷。回顧過往，我似乎看見自己一個人在風雨中慢跑，也看到我咬著牙撐過那些無情的打擊與手術難關，面對部門同仁給我的壓力、院外排山倒海的抵制聲浪，甚至重傷、追殺，巴不得把我驅離醫界，或許我曾孤軍奮戰，但並沒有被擊倒。

當時站在身後支持我的，除了一批年輕的醫師和我的病人之外，還有我所敬愛的北榮前副院長吳香達老師，以及當年在北榮的多位恩師。

上天會眷顧用心付出的人。

第四章

成就歸零的低潮

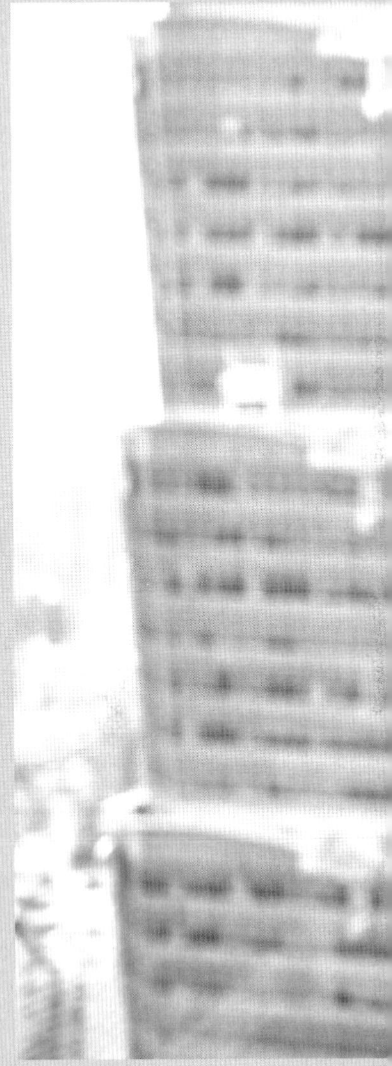

我們常說「做自己」，卻又一直在意別人的眼光，這不是很矛盾嗎？至少我問心無愧地在先行者路上做自己，始終如一。

我想，這輩子應該少有人像我的人生如此戲劇化，總是在到達一個高峰後，成就瞬間瓦解，得重新來過；而且，必須承認，即使我的技藝高強、能力很好，醫術上屢屢可以有所突破，但我畢竟是個人，也有人性，也會抵擋不了誘惑，會因一時迷惘而走岔了。

外遇、被外遇，都經歷過

成功的男人容易吸引女性，可能再加上我長期運動，保持不差的體態，即使我經歷兩段婚姻，到現在還有不少穿著清涼的辣妹想加我臉書，異性緣不算差，但萬萬沒想到，我也會有戴綠帽的一天。

讓我成爲「被外遇」的是第二段婚姻，而第二任妻子正是我第一段婚姻的外遇對象。聽起來，是不是有那麼點諷刺？但這不是灑狗血的肥皂劇，但眞的像是活生生地開了一個大玩笑。

就在面對可能會失去第二段婚姻時，我才意識到自己工作方面的能耐與承擔，無法轉移到處理感情問題上。工作上，從來沒有「難」字出現，但婚姻感情上，卻讓我屢屢跌跤。那幾年，我彷彿快要得憂鬱症了，夜裡睡不好、很焦慮，在工作上不斷締造奇蹟的我來說，面對情感，才看到自己的脆弱與不完美。

畢竟我是人，仍有喜怒哀樂等情緒，也有一時捨不下、過不了的關。

第一任妻子是在大學時交往，當時我們在一場舞會上認識。學生時期的她，氣質好又漂亮，身邊圍繞了不少追求者，我們兩人有著很多巧合，包括同姓劉、血型相同、同一天生日，更巧的是，我在學校的學號是一號，她在她們那一屆也是一號。這些巧合讓我們有了很多共同話題，很是投緣，根本就是天注定。

我當時在學校附近租屋，離她的老家很近。有一次我感冒發燒到四十度，話都講不出來，是我有史以來病得最嚴重的一次。她看我快撐不住了，徵得她父母同意後，把我接到她家住，請她母親照顧我。對於獨自在外求學的我來說，女友一家人照顧我，就是最好的治療。大約經過兩週，我才逐漸恢復，也因此更加確認我與她的感情。

就在大二下學期期末考前一天，我從旁得知她似乎有別的追求者，並且在我考試期間和其他男性出去約會，我急得沒有心情準備考試，竟然打電話向學校請假就衝去找她。我爸媽一聽到如此不理智的舉動，簡直快氣炸，尤其是我爸。母親急忙從臺北趕來臺中安撫我，深怕我會因爲缺考而再次被退學。由於我事先告假，學校給我和其他沒考試的同學補考機會，期末考因而安然過關。

不過，「寧可不考試，也要找女友」這行爲讓我爸媽捏把冷汗，卻讓女友和她父母親深受感動。我經常到她家吃飯或陪她父親喝個小酒，她的爸媽與我越來越熟，愛情長跑了六年，三十歲那年我回臺北長庚醫院實習，在親友的祝福下，我們結婚了。

現在回想起來，當時不知道哪來的情緒與衝動，竟然做出「寧可不考試，也要找女友」這令人咋舌的舉措，也許與自己是雙魚座B型有關，雙魚座太感性、熱情、瀟脫，少了理性踩煞車，但這特質在工作上卻是很棒的推動力，往後的職涯之路，我就是這麼憑著直覺、衝動去做任何我認爲值得的創新。

前妻一直都是很好的伴侶，當我開始下鄉服務、升任主治、爲了更上一層樓而付出最大努力時，她總是默默地支持著我，但也因爲這樣，當我的事業逐步攀上高峰後，不知不覺地迷失了。伴隨成就而來的是誘惑，我開始自視甚高，當外界有人因爲我的成就而投以崇拜眼光，我不能說自己完全無感。那時的我，的確迷惑於這些虛榮浮誇的物質環境，連帶地，留給家人的時間也開始變少，不斷地想要證明自己的才華與魅力可以席捲所有人，以爲那才是眞正的成就。前妻也因此與我漸行漸遠，夫妻倆的話題越來越少。雖然我從沒想過要離婚，卻已經提前爲這段婚姻劃下句點。

令我錯愕的一句話

第二任妻子（以下簡稱Y小姐）是在朋友的聚會上認識，小我二十二歲，頂著美國名校畢業的學歷，人也聰明漂亮。認識她時，我因爲腹腔鏡手術，拿了榮總的醫療創新獎與世界婦科內視鏡大會論文首獎，整個人的狀態如日中天。或許眞的不能驕傲、自滿，那段時間，我眞的太耀眼，內心還曾浮現過一絲懷疑：我眞的這麼幸運，能成爲全球婦科的頂尖醫師？

因Y小姐的年紀小我一大截，對我的工作也陌生，爲了不讓她吃苦，盡可能提供她生活所需的一切。某次被週刊拍到我們一起去餐廳吃飯，同時也把小兒子也拍進去，雖然那幾張照片根本無法證明我們的關係，卻因而讓北榮對我的權鬥風暴進入最後高潮。對於Y小姐，我認爲她的名聲因此被我拖累，導致我對她深感虧欠，覺得必須向她負責，前妻也順勢藉此提出離婚，雖然當下我沒有馬上同意，但她仍十分堅持。

事隔多年回想起這件事，大兒子告訴我，當時在美國的他，一看到這篇報導也把弟弟拍了進去，感到非常氣憤，特地打電話來罵我一頓。他罵我的這件事，我已經忘了，可能因爲當時的狀態很混亂，除了婚姻觸礁，工作上也因爲腹腔鏡子宮血管阻斷術開始被圍剿，一切的狀況像是老天要滅我，讓所有的處境變得艱難，因此兒子罵我，反而是小事。人的記憶，只會留下最在意的部分，不管是好的或者是壞的。

本以爲我與Y小姐一起經歷過人生最黑暗的階段，包括離婚、離開北榮，會因而產生患難之情，可以長遠走下去，顯然事實並非我所想。第二段婚姻只維繫了十五年，最後兩、三年，我們的關係陷入冰點，她幾乎天天出門晚歸，我拿她完全沒轍。如果找人跟拍，拍到了又能怎樣？不僅場面難看，彼此也都難堪，有這必要嗎？即使關係不好，我都不想這樣傷害一個女人，何況是我曾經愛過的女人。那幾年的夜裡，我很容易失眠，半夜獨自坐在陽臺上發呆、沉思、束手無策。

這輩子，最讓我無助的，就是面對情感。必須承認：我眞的無法好好處理婚姻。

我曾問她要不要離婚，她不願意。在被週刊踢爆的前一個月，我曾試圖挽回關係，我問她：「我們可不可以各退一步，回到從前？」她冷冷地回我：「你永遠不會變。」聽到這句話我感到很錯愕：到底要變什麼？

小兒子感受到第二段婚姻帶給我的挫敗，他後來告訴我，當他知道我又要離婚時，心裡只有一句話：「老爸又搞砸了！」這倒不是在看我笑話，而是告訴我，問題就出在於我太投入工作，進而忽略家人的感受，看到老爸如此「失衡」，也間接影響到哥哥與他——我的兩個兒子都各自有了家庭後，他們都會平衡分配家庭與工作，不會像我這樣，一頭栽進工作，忘了支持自己的家人。難怪，Y小姐認為我永遠不會改。

必須老實說，我並未因此改變太多。至少，我是很真誠地讓另一半知道我熱愛工作，九成心力都投注於此。二〇二一下半年，以我的年資而論，實已可以思考退休人生，但我不僅沒有這樣規畫，反而興起一股創業的渴望與戰鬥力，準備再造另一個人生巔峰。的確，「家庭」在我的時間分配比例上放得較少，也沒花太多心思經營感情，甚至連助理都直言不諱地告訴我：「當你的伴侶很辛苦。」但我至少誠實以對，而且也非常樂見伴侶開創自己的人生與事業，在這層面上，我們可以精神性地相互扶持鼓勵，而非一直在意彼此相處時間的多寡，我認為這對我來說，是最適切的生活節奏。

看著自己在情感路上一再摔跤，我知道兒子們爲我感到捨不得，但男人間不習慣明講，甚至也不太談，但他們始終默默地支持、陪伴我，他們希望我能看見：**家人，永遠不會離開你**。

十五年前，我是八卦雜誌的主角，被爆劈腿；十五年後，我還是八卦雜誌的報導對象，這次變成苦主，而Y小姐變成主角，讓我戴上綠帽陪襯。嚴格來說，週刊出刊後，我立刻鬆了一口氣。因爲我所困惑的，週刊給了我答案；我想離婚卻一直離不成，這報導成了催化劑，加快結束這段婚姻。

週刊出刊當天，我的原定行程是去扶輪社演講，講題是關於「達文西手術」。那次演講是該扶輪社有史以來最多人參加的一次，有一百多人出席，他們原本擔心我會因而缺席。沒想到，我如期出現，神色自若。

人體實驗的指控與追殺

在第一段婚姻陷入低潮之際，讓我登上巔峰的腹腔鏡子宮血管阻斷術，同時也醞釀了別人藉此拉我下馬的機會。

北榮總臨床教學部何主任到衛生署演講，演講結束後，一位在衛生署主管人體實驗的律師告訴他：「你們醫院的劉偉民闖大禍了。」何主任看著律師一臉大事不妙的表情，急忙追問，想弄清楚到底怎麼一回事。律師說：「他沒有經過人體試驗階段，就直接讓病人進行新創的手術，等於是觸犯了人體試驗法，必須送法務部處理。」

何主任把這位律師的話轉述給我聽時，我簡直不敢置信。根據當時的規定，所謂人體實驗是針對新器材、新藥物或者創新手術開發，只要有新儀器或者新的治療工具，病人不用花錢，醫生也不會花錢，由藥廠提供，這就需要人體實驗階段。但當時臺灣還不太重視人體實驗，全臺灣就只有衛生署一位女性員工負責人體實驗相關事宜，但早在手術之前，我還是親自跑了一趟衛生署，詢問了醫政處的承辦。

她問我，有沒有新工具、新藥，我說都沒有，我只是使用原來的手術儀器，將血管綁起來達到治療效果，這是創意構想。她又問我，有沒有廠商幫我出錢？因爲一般人體實驗都會有人出錢。我跟她解釋，這手術是病患自費，沒有健保給付，所以出錢的人就是病患自己。最後，承辦要我備案，她說：「你這個手術沒有牽涉到儀器設備，也沒有新的技術，算是處在一個灰色的地帶。」我本來以爲就這麼通過了。

怎料，何主任竟然帶回這樣的訊息給我；同時，我有病人在衛生署做事，她來電告訴我，吊銷我的執照公文正在跑流程，我才驚覺大事不妙，甚至有風聲傳來，我的醫生執照可能會因此被吊銷。這些封殺我的動作接二連三，多數人逼我離開醫界或等著看好戲，當然這一切可歸咎於我的高調，但我認爲，不能因此就否定我在醫學領域所投入的心血。的確，爲了不斷超越自己，我沒有顧及到整體環境與醫學界的觀感，但若專注在自己身上，究竟何過之有？**我們常說「做自己」，卻又一直在意別人的眼光，這不是很矛盾嗎？至少我問心無愧地在先行者路上做自己，始終如一。**

記得剛從屏東轉到左營念小學二年級時，我在眷村裡，被八個小孩包圍起來霸凌，我一向是個個性開朗溫和的人，但那時不僅恐懼，且完全被激怒，為了求生，我開始瘋狂和這八個小孩打架。這件事一直藏在我的記憶深處。如今，為了腹腔鏡子宮血管阻斷術，一群人又虎視眈眈地準備朝我攻擊，而且不只私下動作不斷，連當時的《民生報》醫療版也連續七天用報導攻擊我，試圖在輿論上製造不利於我的聲音，很明顯地就是有心人在操作，我豈能白白挨打？這時，我腦子裡浮現一個人，雖然不確定他可以怎麼幫我，但事後證明，如果不是他，恐怕我早就被驅離醫界。

這位在政圈的好友和我都是眷村子弟，當時我很急，趕緊打電話給他。

「誰可以幫你？」他問我。

「衛生署副署長。」我說。

好友跟當時的衛生署副署長取得聯繫後，安排與我見面，如果再晚一週，吊銷執照的公文恐怕就下來了，就眞的是狠狠地挨了一記悶棍，怎麼死的都不知道。副署長了解整件事的始末後，研判我並未逾越現行法規的範圍，因此這件事最後以北榮與我各被罰十八萬元罰款，平息了風波。

我現在講出來，當然是歷經了二十年多後的今天，全球婦科醫學界都已經證明我發明的手術不僅沒問題，而且還是今日的顯學；換言之，我的腳步早了醫界二十多年。當我離開北榮、前往北醫就職，仍持續進行腹腔鏡子宮血管阻斷術，即使衛生署還在私下調查我，但我一直沒有放棄血管阻斷術，直到現在，這項技術變成國際顯學，而且還是治療許多癌症的方式之一。

二〇二一年三月，有心臟科醫生跟我說他最近參加一個血管阻斷栓塞術：「你這東西目前是國際顯學，連教科書上都有這種手術，全世界也都認同要治療腫瘤，把血管阻斷是有效的，這已經獲得全世界肯定，翻盤了！」

雖然阻斷術風波平息了，但因爲後來被週刊拍到我的婚外情，接著被全院公審，當時只有一位外科醫生大老站出來替我說話，雖然最後我並沒有受到處分，但我想，北榮我終究是待不下去了，於是我提了辭呈，十月一日離開，當時的院長遲遲不肯簽核，他約談我三次，表明要慰留我，但我還是決定離開。想離開榮總也非因爲這事件臨時起意，多年來，一直思考這個環境是否適合我繼續留下，或許換個環境會有不一樣的可能性。

瀟灑地走吧，天無絕人之路。

第五章

父子，另類的情深對話

那不是夢，而是父親的手，是我記憶中從來不曾有過的父親溫暖撫慰，心裡瞬間湧上一種溫馨之感。

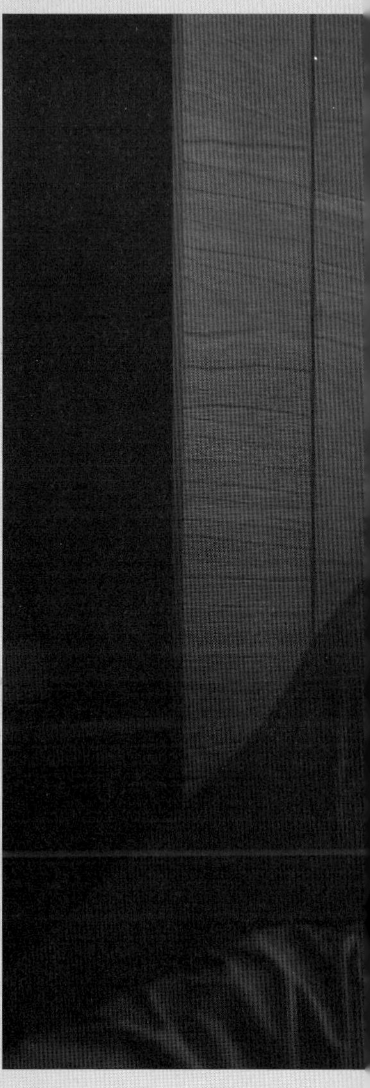

在婚姻與工作雙雙跌入谷底的情況下，初次來到北醫，一種發自內心落寞的感覺，幾乎是從來不曾有過的狀態，這回，我不能騙自己一切都沒事，執業生涯走了二十多年，怎麼也沒想到自己會有這一天。

我已經四十七歲，接近半百。人生，還能有什麼開展？

生活白癡在城市邊角重新站起

二十多年前離開北榮時，正好進入深秋，臺北醫學大學的前身是臺北醫學院，我是第一次到這一塊像是臺北的鄉下地，一○一大樓才蓋了一半，那時還稱不上是什麼信義豪宅區，路邊即將入冬的樹葉也泛黃凋零，如果是在天母，我或許會覺得眼前這是一幅美麗的自然風景畫；但此刻，內心只有滿滿的感觸，甚至有點感傷，怎會從天母來到北市郊區？

北醫只有兩棟舊大樓，現在的新大樓都是後來陸續擴建，我來的時候也沒有停車場，車子只能停在路邊窪地，還有不少坑坑洞洞，一下雨，腳一踩，就會泡水，完全就是隻不折不扣的落水狗。落魄浪跡於此，很多原本以爲在生活中理所當然的事，這下全都見眞章：一切都要重新來過。

到北醫後，得趕緊先找房子落腳，我開著車在附近繞啊繞，竟然遇到以前的病人，在她的介紹下，我馬上找到了國宅出租屋，暫時先安頓，接著還得出門添購日常生活用品、打理三餐。

這輩子，至少踏入社會工作以後，我沒有自己買過水，現在得去超商自己扛水回家，走在路上很怕被人認出來，我很不想讓人見到此刻的模樣。狼狽嗎？我認爲是的。

內心湧現過去在北榮的時光：家裡有傭人負責整理家裡環境，妻子張羅三餐，我根本不需要費心在家庭瑣事上；在北榮因公外出時，從不曾一個人走在路上，一定有廠商的車接送，當時以爲一切都那麼理所當然地運轉著，直到這個節奏整個亂掉，我才知道自己那時有多風光，而現在的我又是多麼淒慘。

但我自問：「後悔辭職嗎？想再回去那個富麗堂皇的醫學殿堂嗎？」說眞的，一點都不想，不只是因爲回不去了，早在幾年前，經歷過黑函事件，整個北榮的公務體系氛圍都讓我疲累無力。離開，一直是埋在心中的選項。此刻內心翻騰的是，該如何從窘境中重新站起？而且，我眞的可以嗎？當然，我從來沒有懷疑過自己的能耐，但要如此眞實地經歷這一遭，著實不易。

與第一任妻子離婚，談好要付贍養費，此外兩個兒子在美國的教育費昂貴，開銷都很龐大，而我的存款所剩無幾，可是還是得想辦法咬牙撐過。此外，與女友也被迫步入婚姻，由於是二婚，先簡單地去新店戶政事務所辦理登記。

當時身邊一個親人都沒有，甚至沒有朋友陪伴，看著旁邊的新人，其參與婚宴的雙方家族陣仗之大，對當時的我來說，是一種無比孤獨與寂寞的衝擊。**但我的心思似乎不在這上面，只是不斷思考接下來該如何重整腳步、重新出發。**

另一方面，當時的臺北醫學院還不是具有知名度與口碑的醫院，就連在這裡工作的員工可能都不會在自家醫院看病，外界自然沒有人會在意它，因此，北醫若要向外挖角，內部就要先改造，激發戰力。

以我當時的能量，對資源相對貧瘠的北醫來說，我相信自己可以提升北醫醫療水平，就另一個角度而言，當時我的爭議不小，至少在婦科領域都知道我經歷過的事，但北醫當時的新任院長吳志雄特別找我，表示他不是從一般人的角度看我，希望我能來這裡一起爲北醫的未來打拚，因此，從踏入北醫的那一刻起，我就更加專注於醫療服務與技術創新研究上。

媒體把我轉職到北醫當成大新聞處理，我第一天到門診報到，第二天就排了七檯大手術，幾個月後，我發現收入可能無法應付龐大贍養費與兩個兒子昂貴的教育費，這讓我非常焦慮，因而重新考慮是否繼續留在北醫，抑或另覓其他管道，專心當一個賺錢的醫生，好度過這個壓得我幾乎喘不過氣的財務壓力。

吳志雄院長獲悉我的狀況後非常有心，不僅提升我的職位，並調整薪資結構，讓我慢慢從財務壓力中解除警報。

若我當時選擇與賺錢爲伍，離開教學醫院，人生發展就會是另一條途徑、另一種樣貌。

在教學醫院裡，即使北醫的條件沒有北榮優渥，但是至少有醫學院在背後支持，也有完整的醫療團隊，任何治療，尤其是癌症病患，都需要團隊一起合作，每一個病患需要的醫療資源與支援，在教學醫院都是充裕的，這並非我單打獨鬥就可以達成。

因著醫院間的合作，我多年來一直在中山醫院同步看診，也曾在中山醫院遇到一個遺憾的故事。

環環相扣的醫療步驟

幾年前，我幫一個長了大肌瘤的病人開刀，再大的子宮肌瘤都不是什麼困難的手術，傷口開得很小，手術過程，助手不小心用夾子誤夾了我的右手食指，瞬間血流如注，指頭斷了三分之一，當下感覺不妙，倒不是怪助理，而是有一種說不出的不祥預感。於是我立刻請外科醫師協助我，把斷了近半的食指縫合起來、包紮，再上手術檯。

手術完成後，我繼續下午的門診，並在門診後探視了術後的病患，並囑咐醫療人員替病人輸血。坐車回家路上，我接到中山醫院的電話，他們說病人血壓急下，懷疑是內出血，當下我慌了，趕緊搭計程車回中山醫院，手機也忘在計程車上。當我把病患的傷口再度打開、切除子宮，因血已經流太多，病患近乎休克，或許早一點發現，就能妥善處理。

我趕緊把她轉到北醫，她在北醫加護病房待了兩週，人走了，那時她才四十多歲。

那兩週，我每天都到加護病房看她，因爲內心非常恐懼且覺得愧疚。稍稍能讓我心情穩定下來的主因是她的丈夫對我的態度仍然很友善，並未因此質疑我，甚至抨擊我。

因爲通常在這種情況下，家屬都會對醫生產生懷疑，很多醫療糾紛也因而產生，然而這位先生始終秉持著理性態度與我溝通、聽我分析，所以那段時間我一巡房，都會詳細告訴他太太的病況。

現在回頭想：病人救不活的那一剎那，眞的是難以承受的劇痛，直到今天，我仍有無比的自責。身爲醫生，上手術檯後，病人的生命就是交到我手上，我擔負整個醫療責任，並得確保醫療團隊訊息交接無縫，這也是我日後更加謹慎的面向。

這樁憾事是人生另一個轉捩點，也讓我更清楚：**每一個醫療步驟都環環相扣，沒有哪一個細節容許失誤。**

另一種父子情深

在我人生最失意的時候，偏偏也和兩個兒子分開了。

家豪與子豪兩人到美國當起小留學生，尤其對子豪，我的內心有種說不出的歉疚。本來就安排他國中畢業後再去美國念書，結果因爲我外遇，讓這計畫提前進行。我的外遇導致夫妻失和，使這個家變得不像家，原本該是避風港的地方，卻成了風暴中心，子豪因而在國二時主動要求去美國讀書。我即使有千百個不放心，也不能反對，因爲是我的行爲迫使孩子必須提早成熟、長大。

對孩子的教育，我是秉持開放態度的，我在意的不是學業成績，而是做人處事與品格。

我並不在意兒子在美國跟同學辦趴，玩得很瘋狂，畢竟年輕時，我也曾這樣「瘋過」，但我在意基本人格，例如不可以說謊、欺騙。這在我後來當主管、帶領年輕醫生時也是以同樣的原則要求他們，醫術可以慢慢學，但是醫德是醫生的品格，不能有偏差。如果因爲膽怯、想逃避而扯謊，或者爲了其他目的而欺騙，你說了一個謊，就需要更多謊來圓，這在職場上，都會讓自己身陷萬劫不復的深淵。回到親子教育上，我寧願兒子跟我衝撞，而非爲了討好而虛假，因此成長過程中，他們所有的嘗試，我都不會有太多的干涉與限制。

家豪在臺灣念書時的狀態，跟我年輕時有點像，也許是因爲長子，我對他期待比較高，的確也比較嚴格。

他在高二時的成績差到被退學，我則是在大學被退學。當時我爸媽爲了我退學一事，四處奔波求人幫忙，二十年後，當我身爲父親，兒子重現我當年的模樣，我雖然沒有到處奔波，但仍打了通電話給校長，希望能給兒子一個補考的機會。

後來，還是不得不把家豪送去美國念書，因爲我慢慢看見，家豪與我的關係，就像當年我與父親的關係，都處於一種非常緊張的狀態。因此我認爲他去美國，也許可以像我去當兵一樣，拉開距離後，緊張的父子關係有了緩衝，進而轉折，因此，我決定放手讓他飛。

果然，家豪在美國採取開放教育的制度下，開始有了改變，包括成績變好、我們的父子關係也慢慢修復。父子間拉出一個時空距離，顯然是很好的緩衝，當他決定念醫學院，以及後來也選擇專攻婦科，我並沒有提出任何建議或意見。

身爲父親，我以家豪爲傲，深知他一路以來不斷蛻變成長，而且是在我這父親的角色沒有「到位」的情況下，能夠用自己的方式摸索出一條路，我備感欣慰。

如今，他也在北榮婦產科服務，那是孕育我的地方，他很自律而且低調，工作總是少說多做，從不主動提及我們的父子關係。他經常與我討論醫學上的問題，對自己要求嚴格，堅持要走出自己的路，我對他就是默默期待、觀察。

小兒子子豪從小就古靈精怪，有一呼百應的魅力，比較不需要我擔心。那次被週刊拍到，雖然沒有露臉，但我可以想像他的同學們應該都知道，大人的事牽動了無辜的孩子，那種壓力可能讓他難以承受，雖然他沒有明說，但當他決定要提前赴美，我心知肚明，因此沒有，也沒資格反對，很快地把相關入學申請手續都辦妥。這一趟，我帶著這個還不到十五歲的小男孩，一起飛向一個陌生國度，展開新的階段。

到了美國，我們先與我父親碰面，祖孫三代、兩對父子從洛杉磯一起到寄宿學校。

那時學校還沒開學，又是荒郊野外，整個校園空空蕩蕩，甚至找不到接頭的人。我陪著子豪在校園裡繞繞，把入學手續辦好，接著去宿舍打掃，因爲閒置了一段時間，房間看起來髒兮兮的，我們父子就一起整理環境、鋪好棉被……我看著已經比我高的子豪，懷著不捨，卻不知道該說些什麼，只叮嚀他要好好照顧自己。

臨別前，我與他擁抱時，忍不住濕了眼眶，心中滿滿的難過夾著一份很深的愧疚。因爲我的個人問題，把這麼小的孩子丟出去，但他始終沒在我面前落淚，很堅強。那一天，在山上的荒涼景象、兒子孤獨的身影，是我畢生難忘的場景。

那不是夢，而是父親的手

想起我年少時，長年不在家的父親，爲了照顧我們一家，不得不放下我們，驚見我們已然成爲大人時，是否也有一樣的心情？

長年的軍事訓練，讓父親不善於表達情感，他不曾與我們擁抱或者說「爸爸愛你」「爸爸很關心你」等感性之語，因此我和父親之間總是有那麼一點兒距離，覺得父親很難親近，而我的個性也難以用撒嬌的方式靠近他。

直到有一次，父親帶我北上參加朋友的婚禮，我們在旅館過夜，睡夢中，突然覺得有人在摸我的頭……那不是夢，而是父親的手，是我記憶中從來不曾有過的父親溫暖撫慰，心裡瞬間湧上一種溫馨之感。

那是我記憶中，唯一一次感受到父親對我也有深厚的情感，同時也讓我深刻體會到父親內斂的個性。

否則，我只記得他對我們姐弟三人很嚴格，還看不懂《唐詩三百首》《古文觀止》在寫什麼就得倒背如流，如果背不好，不長眼的書就會飛過來。我們看不懂文言文不是理由，因爲他自學英文，就是這麼硬讀出來的。

但直到那一晚，我才明白父親對我們姐弟三人的嚴格教育背後，是有這麼深層、說不出的愛。或許家豪與子豪面對我，也有著類似於我面對父親的心情；而我看待兩個兒子時，就更能感受父親養育我的心路歷程。一聲叱責、一根棍棒、一個責罰，背後都是愛。

生命總會有自己的出口

子豪在美國大學畢業後，返臺進入臺灣財務投資領域，剛開始，大家也會在學歷上較勁、在經歷上比成就，對子豪來說，難免覺得挫敗，因爲同事們都以傲人的畢業證書做爲依恃。這件事我體驗過，所以不僅要跟兩個兒子分享，也想讓讀者們知道我曾被嘲諷的經典故事，卻也是鞭策我突破世俗觀的最大驅動力。

我是第一個到北榮當住院醫師的中山醫學院應屆畢業生。

在醫界，中山醫學院是醫界裡屬於後段班的學校，現實一點說，醫界根本不把中山醫學院放眼裡，能進北榮，根本是神話。剛開始我坐了冷板凳好長一段時間，第一年被同儕排擠不說，就在我當總醫師最後那一年，當時我的老師吳香達教授坐在副駕上說：「你的出身不好，背景比較差，會比一般人辛苦。」即使知道他是好意叮囑我，但我當下想的是：「長官，你怎麼這樣說！」這話，不只他說，另一個是臺大教授到中山醫學院演講，也在我接送他的路上要我「把身分洗一洗」。

怎麼洗？他建議我再去念個臺大碩士，讓學歷再過一次水，漂白一下。這些話，當下聽起來很荒謬，但社會就是很現實，所以也不荒謬。

現在回頭想，我的內心很謝謝這兩位老師的叮嚀，如果不是他們這樣說，我就不會被激發潛力，努力向上，可能也正是因為我「血統不正」，才會有日後激發出亮眼成績的關鍵。

生命總會有自己的出口。

兩個兒子在美國的磨練，造就了今日的他們。

我沒資格老王賣瓜說他們有多優秀，但他們在今日的確有了屬於自己的一片天，這是身為父親的我最感欣慰的事。

病房5A15-5A20
配膳室
病房5A11-5A13

第六章

達文西，帶領我飛得更高

在我的人生信念中，時間不是問題，年紀或許也不是問題，只有精神與態度才是決定你能走多遠、飛多高的關鍵。

我在北榮從雲端掉進地獄、婚姻化爲泡沫了，人生直接摔落谷底，想到贍養費與兩個兒子的龐大教育費，被錢追著跑的我只能專注向前、賺錢，不能也不敢隨便張望。

即便如此，我知道只要好好工作、培養實力，賺錢不是問題，這難關遲早可以度過。曾經有則新聞，一個大學生因父母不給她學費，她在社群網站上吐苦水，結果反引起許多網友抨評，網友回應她應該要知足、要獨立自主，爲自己負起責任。

我很認同這些年輕網友的回應。**人，本來就該爲自己負責。當我們還是小孩時，父母親有責任照顧我們，但是上了大學、走進社會，就該慢慢爲自己的人生展開選擇並負責，不論環境有多少挑戰，始終要相信自己是可以面對的。**我從年輕時就是帶著這種信念，在人生道途上前行，雖然我曾經歷過被退學、提早入伍、大學重考了幾回，當然也讓父母傷神，但不論經歷多少挫敗與困難，始終不曾懷疑自己可以挺過挑戰的能力。

離開北榮再加上外在情況的窘困，不能否認我還是會有挫敗感，但這份相信自己可以走過的信念支持著我，況且，我的腹腔鏡手術在業界是首屈一指的地位，只要繼續發揮，包括持續腹腔鏡子宮血管阻斷術的操作，就足以幫助很多病患面對她們的疾病並度過難關，我深信這項技術會持續被看重。

在醫學上，不論是在國際學術地位或者臨床經驗，也都深深被肯定過，遑論那些因著成就而來的錦上添花、光環、虛榮、迷失與自滿，也都嘗過，時間一久，慢慢就會明白這些外在的成就並無戀棧追求之必要。對一個醫生來說，當時腹腔鏡手術能夠達到最高境界，已經不易，我本想在這軌道上安穩地持續運作，直到有一天從臨床卸下醫生職責爲止。

當我那麼熱切地在腹腔鏡手術上開創「腹腔鏡子宮血管阻斷術」，結果引來一場人生最黑暗的權鬥，被圍剿被追殺，彷彿劉偉民就是一定要從醫界消失、永遠不得翻身，某些人才肯罷休。人生的成敗得失，究竟該怎定奪？當時的我看透、想透，也失望了。然而，所謂峰迴路轉，當年想把我踹得遠遠的人，怎會知道一度像落水狗的我，竟會在當時臺北市的偏僻角落有了另一個大翻轉的蛻變……

只要不被眼前的困難擊潰，就一定可以東山再起。

「我買，你去發展。」打斷我半退休的美夢

達文西手術全名是「達文西機器手臂手術」，這一組設備光是購入就至少需要上億，零件與維修方面，每年至少要七百萬元以上，整組達文西機器手臂所費不貲，不是一般醫院可以負擔得起，如果沒有技術跟上、沒有足夠的手術量，對醫院來說，可能就會閒置，變成一個無效且浪費的投資。

二○○四年，全臺灣第一組達文西設備是臺中榮總率先購置，之後三總、振興、忠孝醫院也跟進斥資買下，臺北榮總是在二○一○年購入，亞東醫院也跟上腳步。當時雖然知道有這項先進技術，但完全沒對焦，因爲以北醫當時的整體環境，不論是技術還是資金都非最好，我不認爲院方對這麼先進的手術機臺有興趣。但是令我意外的是，當時的院長陳振文教授，也是我在北榮的老同事，對這項技術竟然很有心，想要引進爲北醫做點事。坦白說

句內心話，當時我眞的不敢相信可以做得起來，因爲當時的北醫並不是具有規模的教學醫院，唯一有信心的就是我自己。

第三代的達文西手術系統於二〇〇九年問世，北醫在二〇一一年十二月買下最新的第三代機型，是全臺是第八家醫院擁有此設備。在北醫之後，陸續有馬偕、奇美、高雄長庚、中國醫藥大學附設醫院等一窩蜂跟進。但後來這部高階醫療機器在許多醫院並沒有充分使用，能夠實際應用並發揮效益的比例不算高，而我原本不看好自己服務的北醫，卻是到寫這本書爲止，不斷締造全臺奇蹟，甚至也是全球醫院應用達文西手術的亮點。

二〇一一年底，陳振文院長興沖沖地跑來找我，他認爲我們醫院可以試試看達文西手術。起初我不當一回事，心想：「機器那麼貴，而且我腹腔鏡手術做得好好的，已經很夠用、很好用，又還要再學一個新的技術，實在麻煩，何必呢？」他談得熱切，我聽得心不在焉，可是他也不管我想不想學，只丟了一句話：「你就去學。」我意興闌珊卻也沒當面拒絕，不好潑他冷水。當代理商一聽到我們醫院也要買機器，當然很開心，於是就由主管親自陪我去香港特訓一天。

當時要學達文西手術，最近的地點就是香港，因爲原廠在香港設立了達文西手術的專屬訓練中心，必須透過培訓、了解機器操作、拿到認證後才能正式使用這部儀器來爲病患動手術。不過，我向來就不是那種會乖乖上課的人，這下要去香港上課，也只能祈求訓練不會太無趣。一直以來，我的技術都不是透過看教學影片、跟著老師學習而得，是憑著臨床經驗判斷加上對人體有一定程度的熟悉與把握，逐步匯聚自成一格的獨特資料庫，從傳統手術到腹腔鏡手術，都是這樣「自學」而來的。參考架構反而是一種框架，所以我盡可能把參考影片都拋掉。

這回要去香港學習兩天一夜，負擔不大，時間剛好是十一月底，我就當成是去旅行兼度假，給自己二〇一一年一個特別的年終禮。第一天傍晚飛機抵達香港後，我的心情相當輕鬆，第二天一早，主管一行人陪我到位於半山腰上的特訓中心，這座特訓中心設置在富商李嘉誠贊助的香港大學威爾斯親王醫院裡。

一早先由資深技師教我認識整個設備與器材操作要領，練習手術的實驗過程其實有點殘忍，技術人員幫我準備一隻上了麻醉的豬，讓我練習操作達文西機器手臂。聽他們下什麼指令，我就照做，哪裡下刀、切哪裡、器官怎麼放怎麼接，目的就是要讓我培養與這部機器的默契；中午稍事休息，下午再繼續，這特訓課程進行到下午三點結束，我通過考核、領了證照，當天晚上就飛回臺北。

讀者可能會發現一件事：我練習的對象是豬，不是人！而且一回到臺北沒多久，十二月二日，就開始了第一檯達文西手術。

看到這兒，你可能會捏一把冷汗，因為感覺好像有點倉促？其實不會。傳統手術也好，腹腔鏡手術也行，或者最高階的達文西手術，這些手術只是工具上的差異，但核心同樣都是奠定在對人體構造的了解，包括器官、血管、組織等，以及當下對疾病、病人狀態的判斷，這些與儀器本身無關。我對人體的了解程度，已經有了超越一般醫生在臨床上所累積的厚實經驗，除了有腹腔鏡的扎實底子，加上從傳統手術開始，到下鄉服務、成為主治，門診動輒上百，長期下來的經驗值，幫我建立了非常珍貴的經驗資料庫，協助我在手術當下迅速整合，所以讀者毋須擔心。

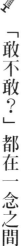

「敢不敢?」都在一念之間

手術，是利用外科領域來達到治療疾病的目的，就像在戰場上，作戰需要有武器，在戰場上的我們，只要有一把刀就可以殺敵，打仗不會因爲武器不同而更動目標與目的，因此，不論用哪種方式進行手術，一樣都是要治癒病患、使手術順利爲最高目標。

這也是爲什麼我一直堅持在第一線工作，讓自己永保極佳戰力，甚至不斷提升作戰品質的原因，若不時時保持備戰狀態，不進則退。當然，這與自我設定有關，我把自己定位爲戰場上的武將，而非後勤指揮官，第一線的臨場判斷最爲重要，很多像我這年紀的人，甚至比我更年輕的醫師，都已經投入行政管理，很少有人像我這樣，一直站在前線領軍作戰，不斷琢磨手術精進、承受巨大壓力、要求自己好還要更好。

對醫生來說，不同手術之間就是技術方法的轉換而已；但話說回來，如果真的這麼簡單，爲什麼達文西手術至今相對來說還是無法全面普及？我本來一直認爲，達文西手術可以造就另一波手術熱潮，發展步調會較緩慢，或許是因爲人都有慣性，包括醫生也是人，面對新的技術時，總免不了產生惰性，就像陳院長一開始要我去學達文西手術一樣，我也認爲沒有必要，目前技術夠用就好，多學一項新的學習，就得付出加倍心力，如果不是有極大動力在後面推動，人可不會沒事找事做，窩在舒適圈裡多好！因此，很多醫生容易因爲要重新學習技術而卻步，這是我覺得可惜的地方。

二〇一一年十二月二日，那天上午我照常看門診，病患依然很多，並沒有喘息的空間，緊接著下午就要做北醫第一檯達文西手術。跟我一起披掛上陣的病患要做子宮切除手術。事前我與她詳細溝通，徵得她的同意後，下午三點進開刀房，我們就一起完成了北醫婦科第一檯，也是我生命中的第一檯達文西手術。當時院長、副院長等高層大頭們都來觀看，手術大約進行了八十分鐘，非常順利，當下我一點也不緊張，反而很高興，很自然地與這機器合而爲一。

這部機器買進來後，有八個不同科別合用，北醫累積五千多檯手術，我做了近四千檯，占比約七十二%，全臺灣至二〇二一年中累計五萬〇五百二十二檯，做最多的是泌尿外科，婦產科我占了最大宗。

在我最失落的時候，我只力求回到安穩的日常，萬萬沒想到人生還會再一次締造高峰，而且比之前的我更踏實。

之前的院長覺得這部機器太貴，買不起而作罷，後來陳院長意志堅定，決定買入，北醫才能有今天在全臺獨占鰲頭的地位，講得俗氣一點，成本早就回來了。倘若繼任的院長考慮很多，也不敢嘗試，就不會有今天的北醫和我在達文西手術上的成就。這是一種前瞻性，囊括膽試與魄力，**「要不要？」「敢不敢？」「能不能？」都在一念之間**。

究竟達文西手術有什麼特別？

在這裡，我想花點篇幅來談談達文西手術。

醫學上，第一次手術大革命發生在一九九〇年代初期，這是從傳統剖腹手術進展到微創的腹腔鏡手術；第二次的外科手術革命始於二〇〇〇年初期，這一波就是達文西手術所掀起的里程碑。

達文西手術與腹腔鏡手術的不同處在於，第一，達文西手術呈現的影像是立體的三度空間，而腹腔鏡手術只能透過螢幕看到二度空間影像；第二，鏡頭可以把畫面放大到十二倍，由醫師自行操控，就像是「顯微手術」，其放大效果與傳統腹腔鏡手術的微創傷口各有優點，但達文西手術可以涵括這些優點；第三，主刀醫師可以自行操控所有細微的手術動作，降低和助手醫師配合的需求；第四，進行達文西手術時，主刀醫師是「坐在」控制檯上，使手術變得不再那麼消耗體力；第五，達文西手術讓死角變少，相對減少對正常組織的傷害，手術更加精準，對於越困難的手術，發揮的效益也越大；

最後一項優點，也是一般醫生不會特別思考的：手術工具可以讓「手術作品」趨近完美，達文西手術可以協助醫生完成一項完美或近乎完美的作品。

沾黏，醫生最頭痛的問題

由於我已經有超過十年的經驗，和過去傳統剖腹與腹腔鏡手術相比，達文西手術在手術時間上與失血量都優於過去任何手術方式。我有不少病人都是高齡患者，有一次，COVID-19疫情緩解後不久，來了一位罹患子宮頸癌的九十歲婆婆，病情不輕，嚴格來說，我並不建議做手術，但子女希望可以救治母親的疾病，所以我還是動刀了。當我看見她的骨盆腔時，眞的很棘手，因爲腫瘤與沾黏的情況都不容易處理，但我還是在兩小時內完成手術，而且出血量沒有超過五十c.c.，這在一般手術來說，幾乎是不可能的事，而且老人家休息兩天就出院，恢復得很快。

過去很長一段時間，腸沾黏會被視爲腹腔鏡手術的禁忌，尤其是重度沾黏，因此傳統醫學觀點認爲碰到沾黏狀況，就必須以傳統手術進行，才能把風險降至最低。但透過達文西手術，我已經處理了數不清的腸沾黏問題，包括極重度沾黏，不僅手術過程順利，而且預後狀況也都很好。既然如此，爲什麼會有這個連教科書都明言的禁忌？這當中有一個迷思。

因爲沾黏，所以手術過程中可能會誤傷腸子，傳統觀點認爲用眼睛直接看會比透過螢幕更清楚，微創手術透過螢幕觀看的風險比用肉眼直視高。但我持不同意見，畢竟，螢幕可以把部位放大，甚至達到十二倍放大效果，但你用肉眼時，總不能把整個臉貼到病患的身體上，再怎麼近，都不會比類似顯微手術的達文西手術來得近。因此一路以來，我以微創手術，尤其是達文西手術，解決了不少病患的沾黏問題。

腸沾黏不該再是堅持傳統手術優於顯微手術的理由。

曾有一位來自香港的病患J小姐，她多年來因爲巧克力囊腫與子宮腺肌瘤無法妥善處理而困擾不堪，前前後後一共開了七次刀。沒錯，就是七次！每次因爲沾黏引起的腹痛，把J小姐折磨得生不如死。據她形容，痛起來就想撞牆、捶肚子等用外力制止疼痛，但怎麼做都無法消除疼痛。爲什麼她經歷這麼多次手術，卻無法根治問題？因爲她的子宮內膜異位沾黏太嚴重，即使傳統上認爲直接把子宮切除最快，但也很困難，因爲沾黏程度嚴重到醫生都不知道該怎麼動刀，甚至在第六次手術時，醫生直接告訴她：「妳這輩子只能靠止痛藥。」一聽到醫生這麼講，J小姐都快嚇死。如果人的一輩子都要與疼痛（痛苦）共存，眞的很難想像生活與生命的品質會變成怎麼樣。所幸J小姐不放棄地四處找醫生，而不是消極地被迫接受，後來不斷打聽，決定直接飛來臺北找我問診。

我在初步診斷後，跟J小姐說沒問題，但必須說，這手術的確非常困難，因爲沾黏狀況實在是太嚴重，而且在我之前，已經有七位醫生敗陣下來，臨床上，沒有哪一個醫生敢接這燙手山芋，但我爲什麼敢？當然是因爲達文西手術，加上我累積了比大部分醫師更寶貴的臨床經驗。

到目前爲止，以達文西手術克服沾黏的文獻還很少，在網路上搜尋，竟然僅有一篇，而且還是我寫的。因爲沾黏幾乎是所有醫生最怕處理的狀況，所以到現在全球醫學對於處理沾黏還沒有共識，一味認爲只有傳統手術適合，而把顯微手術處理當成禁忌，自然就沒有足夠的論述。

我進一步認爲，達文西手術不僅適合處理沾黏，而且還可以把我這些年的經驗數據化，透過ＡＩ發展成爲技術，這樣不僅可以把達文西手術推向另一個層面，也能解決惱人的沾黏問題。

妊娠過程處理卵巢癌

懷孕時，最怕母體產生出人意料的病變。曾有一位三十二歲的孕婦，在某次放假時，與丈夫、小孩一家人開開心心地前去高雄遊玩，結果肚子突然痛到不行，趕緊在高雄的醫院掛急診檢查，意外發現卵巢長了一顆腫瘤，初步研判是惡性，已經有七公分大，當時她已懷孕十一週。

後來她返回臺北後來找我，一看，我也認爲是惡性腫瘤，但因爲她想保住小孩，於是我告訴這位孕婦，因爲手術需要上麻醉，讓胎兒發育到到十三至十四週後再來處理，對胎兒的影響會比較小。後來。當她按照時程規畫回診，我就以達文西手術處理這個史上第一位病例，即懷孕十四週合併卵巢癌的分娩手術，而且必須確保母子均安。

這挑戰有多大？懷孕時手術，子宮不能用子宮托協助，只能用手把子宮頂起來，懷孕十四週的子宮已經很大，而且有點像棉花糖一樣軟趴趴的，這時手術風險超大，一不小心，後果不堪設想。我也得有足夠的沙盤推演，首要保住媽媽的命，第二是胎兒的命。當達文西手術器材一碰到子宮，一壓就像鴨絨枕頭一樣，凹了下去，最後順利摘除腫瘤，當下立刻送去化驗，果然是癌症。接下來還要切淋巴，淋巴就更難了，因爲子宮變大，周邊幾乎沒有任何空間，所以這切除考驗技術，但若不切除淋巴，無法得知病患屬於癌症第幾期。

要保護子宮裡的胎兒，也要保住媽媽的命，然後把腫瘤切除，也把可能的範圍給一次清乾淨，這些該做的，當下我都得做到了，不能有任何疏漏。

手術完成後，孕婦接著按照規畫做化療，懷孕期間做了五次化療，做到三十週停止，在第三十七、三十八週時，我們決定以剖腹方式，把小孩接生下來，當時這位孕婦都因爲化療而頭髮掉光，我本來也以爲小孩會因爲化療影響也是光頭，沒想到孩子生出來頭髮滿滿，完全不受化療影響，是個超級健康的嬰兒，而且媽媽狀況也相當良好。

到我寫這本書時，孩子已經八歲了，如今念小學三年級，媽媽也健康地活著。

這在醫學上是非常具挑戰性的病例，能處理到母子均安，且後續都是健健康康的，如果不是達文西手術，換作其他方式，還眞不容易可以有這麼好的手術結果。

達文西帶我邁向頂峰

到寫這本書爲止，我在達文西手術的操作上已經邁入第十一個年頭，處理了近四千個病例，其中不乏各種非常難處理的狀況，我的手術在全球算是名列第三，但是在處理腸沾黏這類問題上，我應是世界第一；另一方面，達文西手術是在二〇〇五年問世，而北醫開始用這套手術是在二〇一一年終，整整慢了歐美七年，排名在我之前的兩位醫師都是來自美國，不論年紀或是資歷，我想，我應比實際排名還要更出色。

美國 Intuitive 原廠在二〇一二年頒發「Distinguished Robotic Surgeon Award 傑出達文西外科手術醫師獎」給我，我是榮獲此獎的第一位亞洲醫師、全球第三位獲獎的醫師，而當時我才使用達文西手術不到一年；二〇一五年，我再獲頒「達文西手術院士獎」，也發表了七十多篇相關內容的ＳＣＩ國際論文；二〇一七年，北醫與我都通過「國際ＳＲＣ機構」針對達文西手術品質的認證，當時也是亞洲唯一。

談到這些成就不是為了炫耀，而是要讓讀者們理解：為何我如此推崇達文西手術，而我在該手術上的成績，不僅未因為我（或北醫）起步晚而落後，相反地，還大幅超前了不少國家的醫師。

在我的人生信念中，時間不是問題，年紀或許也不是問題，只有精神與

態度才是決定你能走多遠、飛多高的關鍵。到了一個階段，年齡或許會是一個缺點，但卻也是優點，如同年紀較大的父母親，在陪伴孩子成長過程，因爲心態成熟，更能專心一致地照顧、栽培孩子，只要他們的健康狀態無虞。

現在很多年輕醫師對於醫生的職責已經略爲失衡，受到整個社會的價值觀以及快速流通的訊息影響，醫生也是人，也會被這些外在的名利所誘惑，因此，比起過去，現在有更多醫生會選擇投入容易賺錢且不用太辛苦的科別。

我的大兒子選擇從醫時，我沒有主動給予任何意見，唯有當他選擇科別時，我叮嚀他，選擇較大科別會更具挑戰性、更能夠突破自己。我從傳統手術到腹腔鏡手術，再到達文西手術，屢屢創下事業高峰，一次又一次攀上頂峰，領著我前行的當然不是任何外在條件，而是發自內在的自我期許與意志力。

如果你是年輕醫師，剛好讀到這一段，那麼我想告訴你：**「年輕時選擇的挑戰和困難越大，你的人生高度也會越大；若只圖眼前一時的名利，人生的視野也會只停留在眼前當下所及的範圍。」**

HOUDINI

第七章

再一次，開始了新的里程

面對每一個病患，我都有一種像是歸零、重新開始的新鮮感，保持最好的戰鬥力應對，而非因爲過去的經驗，輕忽眼前的病例。

對醫生來說，最讓人欣慰與成就的事，莫過於奇蹟出現。每次腦子快速回想先前所累積的資料庫，這個案例總會浮現出來，讓我記憶猶新。

態度，決定高度

十年前有位病患嫁到德國，懷孕過程中，長了五十公分以上的肌瘤，比籃球還大。我不確定病患之前是否知道自己有子宮肌瘤，因爲後來告知她的時候，胎兒很大了。

她的丈夫在ＢＭＷ擔任高階主管，找醫生、花錢，都不是問題，問題是找遍歐洲所有醫生，都沒有人願意幫他們處理這個肌瘤，因爲胎兒太大、風險太高，手術根本不知道從何做起。

我曾經發表過一些相關文章，當中提到，如果懷孕過程中長出肌瘤，是可以在生產時一起把肌瘤切除。這位年輕的孕婦可能是在網路上看到（因爲我沒有跟她確認），於是決定回來臺灣求助，就這樣挺著三十週的孕肚，在丈夫的陪同下回臺灣。

各位可以想像，這個七個多月的肚子加上五十公分的肌瘤，就像是雙胞胎，但問題是，一個是要切除的肌瘤，另一個是孩子。

他們夫妻倆希望切除肌瘤的同時也能夠生產，所以等到胎兒長到足夠大時才回臺處理。即使我有過這樣的經驗，但還是必須說這手術風險很大。我得先把小孩剖腹生出來，再處理肌瘤，少了胎兒的子宮，體積還是很大，這顆像是籃球的肌瘤比子宮大了兩、三倍以上，而且肌瘤就長在子宮中間，幾乎把子宮完全撐開，因此當我著手切除肌瘤、把肌瘤拿掉時，子宮瞬間上下斷成兩截，上下接不起來。

眼睜睜看到這種情況發生，我也覺得很可怕。因爲開刀前，胎兒還在肚子裡，不知道肌瘤眞正的位置，開了刀才知道肌瘤長這樣，讓子宮面臨腰斬的結果。這顆肌瘤重達五千多公克，寶寶也才三千公克而已。

當下我決定幫她保留子宮，而非摘除，因此必須嘗試我沒做過的事：縫合子宮。畢竟病患還年經，不論未來是否還要懷孕，子宮留著，總是一個女人的重要象徵。這檯手術前後大約兩小時，有人認爲這樣已經很快，這或許跟我長期的手術量很大、經驗值足夠有關，但這不能用平均值來看，每一個病患、每一種狀況都是獨立的，而這次可能的結果是病患下不了手術檯，失血過多而離開，能把子宮縫好已經很不容易，我根本不敢奢望她能否再懷孕。

四年後，她從德國傳簡訊給我，告訴我她又懷孕了！連我自己都感到訝異，眞的是個奇蹟。

面對腰斬的子宮，一般而言，一定是直接把子宮拿掉會是最安全的作法，因爲光是出血量就很驚人，當時光是輸血就輸了兩千多c.c.，怎麼可能再縫回去？

講難聽點，如果處理不好，病人可能就會死在手術房裡，遑論縫合。當時不少醫生在旁觀摩，大家都很緊張，我不能說沒有壓力，但我是主導者，要是沒有足夠信心、技術不到位、硬體配備不夠，當然不能冒險縫合子宮，包括還要有麻醉科控管生命跡象，因此除了技術與決心之外，也必須有團隊支應，否則這種全球所有醫院都不敢做的手術，爲什麼我可以完成？

這就是團隊的重要。很多大型手術、具有挑戰的狀況，難度都不是小醫院、小診所可以承擔的，留在教學醫院裡四十多年，爲的就是獲得這些珍貴的經驗，面對每一個病患，我都有一種像是歸零、重新開始的新鮮感，保持最好的戰鬥力應對，而非因爲過去的經驗，輕忽眼前的病例。

態度，決定高度。身爲醫生，在手術檯上，我也這麼深信。

慧術：整合臨床經驗爲人工智慧

從北榮到北醫，經濟狀況一度陷入窘迫，相對來說，兼職更容易幫我填補財務缺口，但我堅持留在教學醫院，不出來獨立創業，就是因爲大型醫院有其他規模的醫療診所接觸不到的資源，包括病患個案與醫療的整體性，最重要的是，我也沒有機會可以在學術上有所貢獻。若我年紀輕輕就選擇出去開業，一輩子也許不愁吃穿，但也就是每天固定開門、關門的診所醫生，不會有這麼豐富且無價的寶貴經驗。

這樣的選擇也是有其階段性意義。二〇二一年，經歷了COVID-19疫情後，我開始有了不同的層面思考。

我在北醫服務超過二十年，而部長一職就擔任了十六年，我知道自己的輩分與地位，若一直在這位置，年輕人很難有機會上來，仔細想想，也算是與北醫一起打拚過一段轉型擴大的階段，從腹腔鏡手術到達文西手術，幫北醫在婦科奠定極好的根基，認眞且問心無愧地走過後，我的骨子裡又開始騷動了。

人生是否還有其他可能性？我不斷自問。

疫情始我將工作與生活節奏慢下來，心中開始浮現很多新鮮且令人期待的畫面。於是，我決定利用在醫院工作的部分時間，籌備創業——一條過去不曾想過的路。

面對自己累積了數十年，特別是達文西手術的珍貴經驗與資料，每一檯手術、每一個病例，都有其特殊性，也都有我的巧思與創意在裡頭，身為醫生，不是要說自己有多厲害、多偉大，可是我腦袋裡這些珍貴的經驗，難道要隨著退休，甚至離開人世後，就灰飛煙滅嗎？想到這，我有股強烈的欲望：「不行！這些當然要留下來，傳承下去！」

曾經在一個週末午後，我悠閒地在家看電視，那時剛好特斯拉引進臺灣，電視正好播出它的廣告，我心想：「車子可以自動駕駛，達文西手術手臂可不可以？達文西雖然目前已經出到第三、四代，但是智慧還是零，我有生之年可以看到它的智慧提升嗎？」如果機器手術手臂可以「智慧化」，對外科醫師幫助眞的很大。

當我有這想法時，也才剛開始使用達文西機器手臂進行手術沒幾年，我的腳步依然很快，不管做不做得到，想像力從來不被現實所框架。我立刻找了兩位住院醫師跟我一起研究這種想法能否實現，從中國百度、香港商湯、臺灣HTC都接觸過，他們也都興致勃勃地來跟我們討論，過了許多年，我的想法依舊在腦子裡，但卻看不到它轉化爲實質層面，然後就無疾而終了，當時有人跟我道歉表示：「難度太高了！」確實，以當時的技術而言，我的

學教學將有重大進展，將我畢生所學所知貢獻出來。

書有結尾，人生還在奔馳，生命也在不斷延續中，包括這些經驗的累積、傳承與擴展。回首那些曾經的磨難，也都是激勵我朝向今天的自己邁進。

我可以這樣走過來，相信你也可以。

和同仁們會商我們的研究進程。

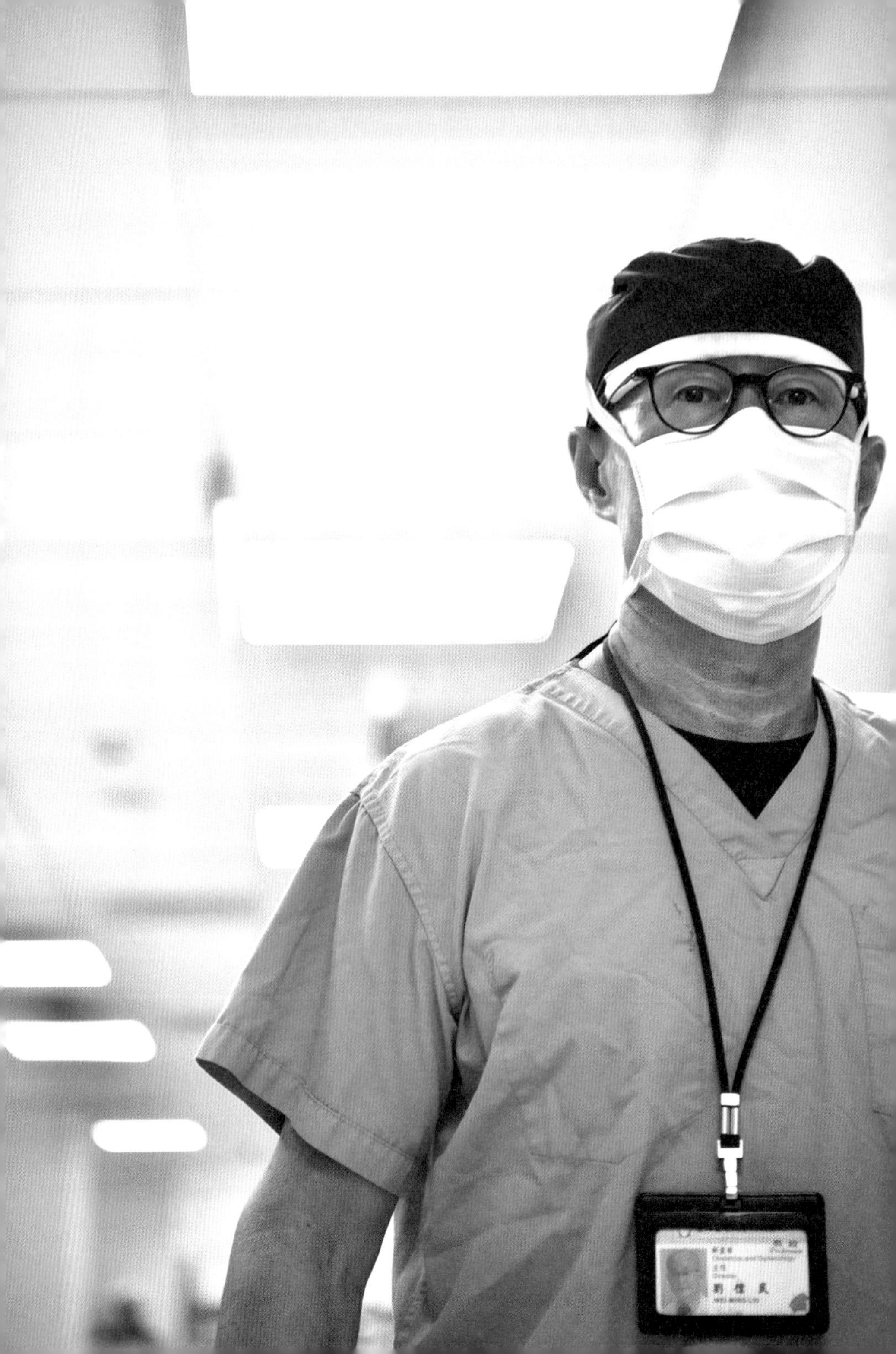

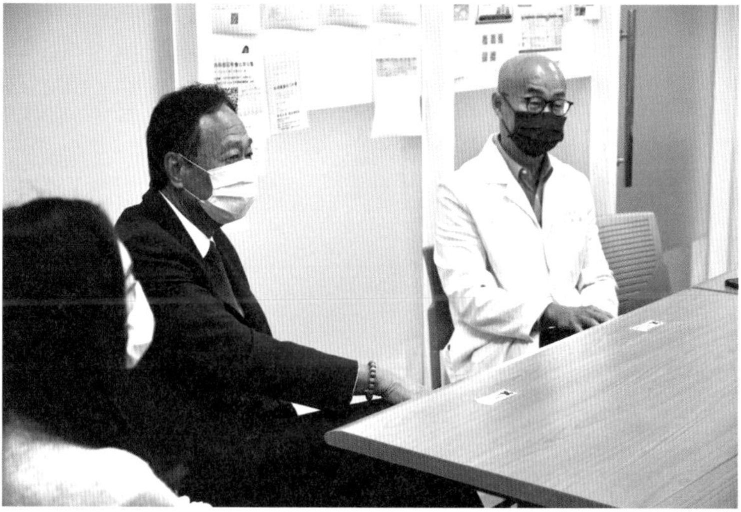

郭台銘先生手術前關心友人的手術治療，專程前來會商。

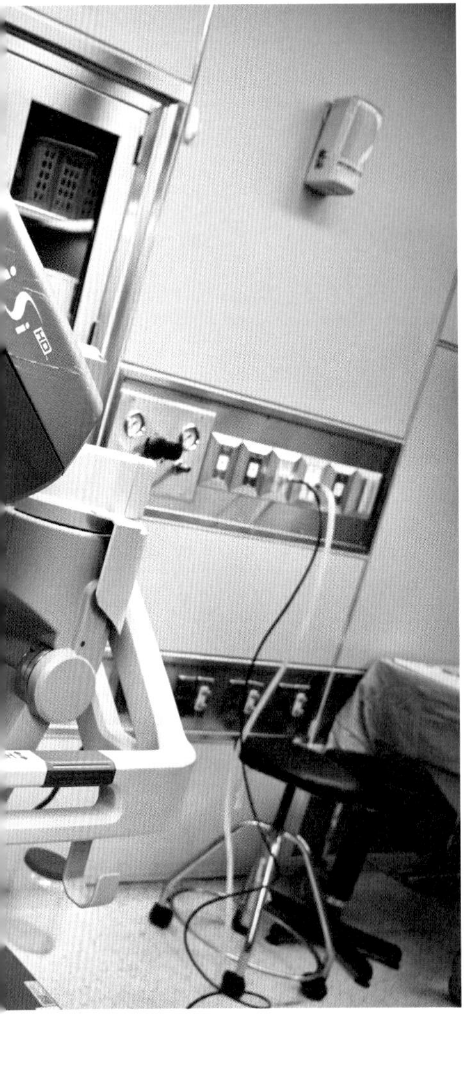

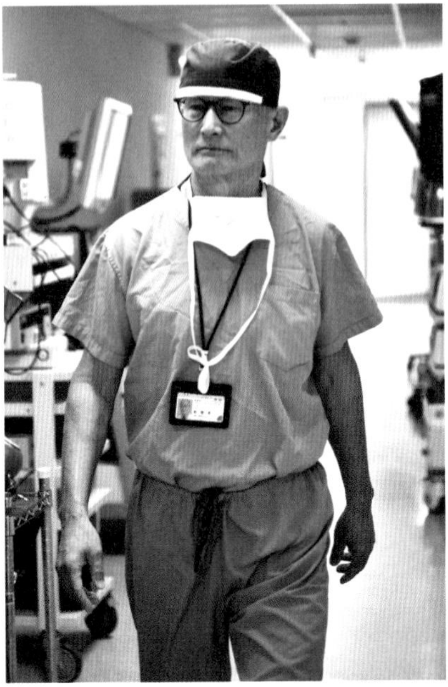

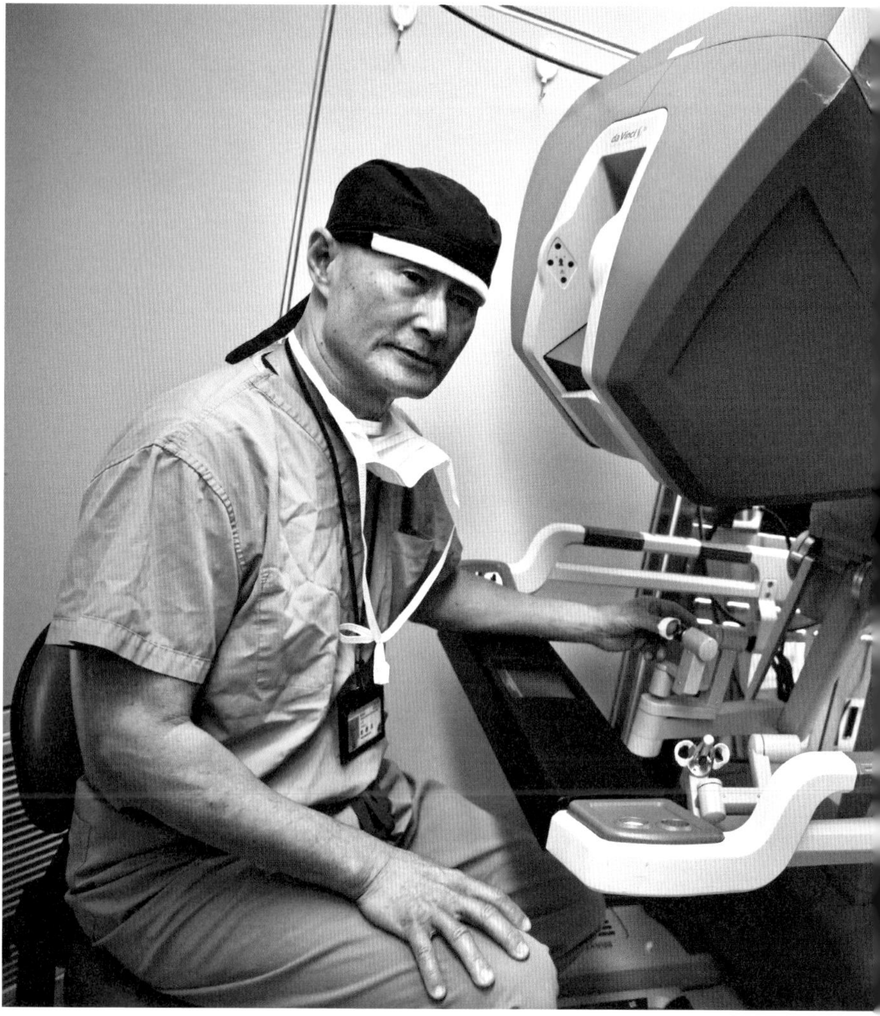

病房5A15-5A20
Ward 5A15-5A20
樓梯
Stairs
配膳室
(飲水機)
病房5A11-5A13
Ward 5A11-5A13

帶領年輕醫師巡房。

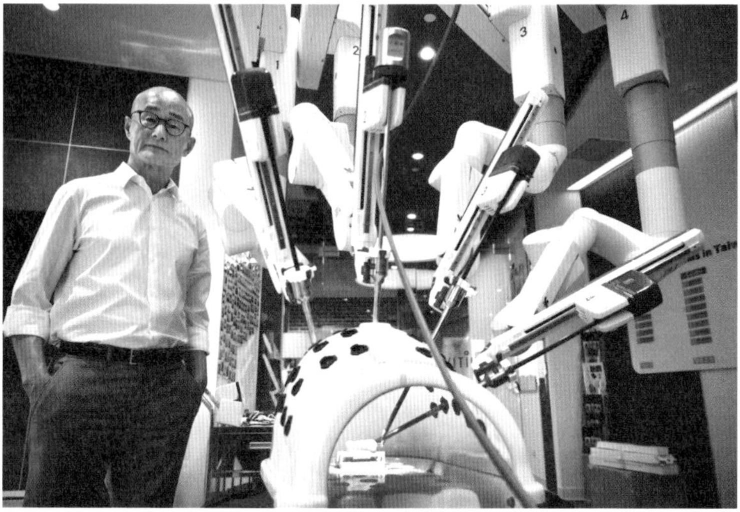

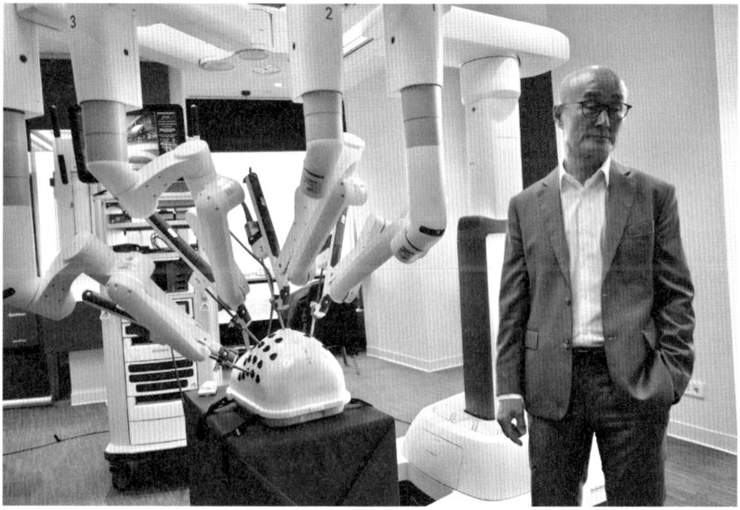

去達文西訓練中心。

疫情間參與國際視訊會議，並發表演講、討論。

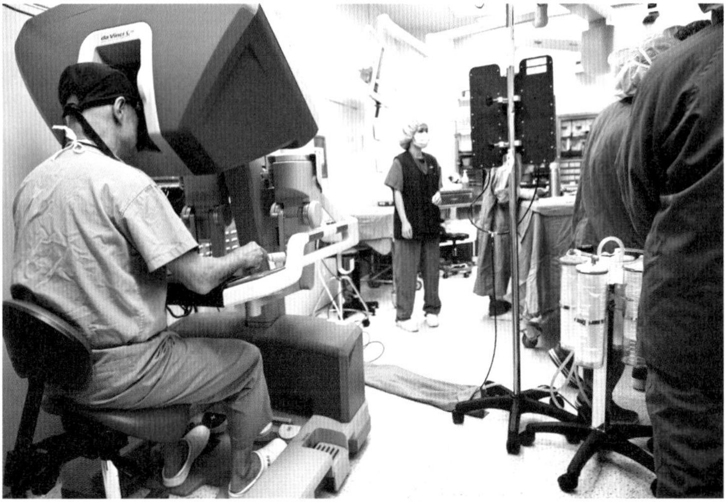

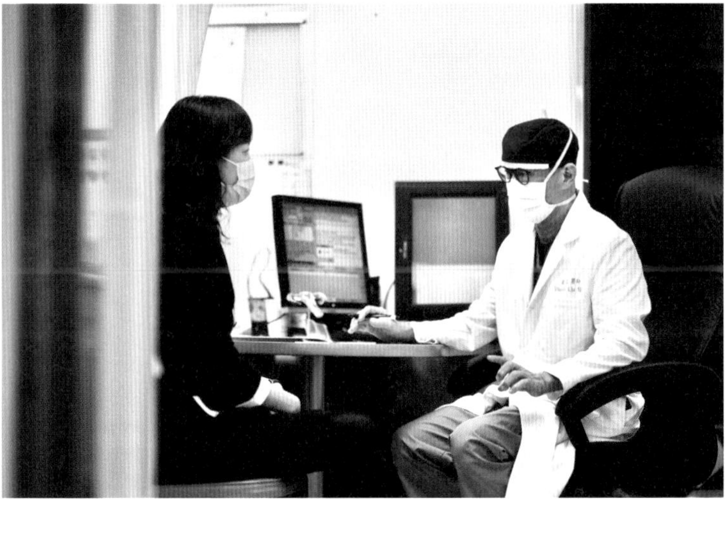

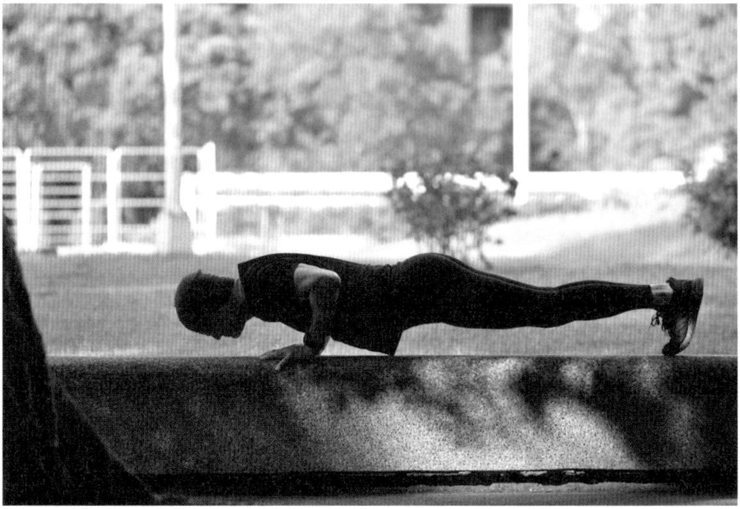

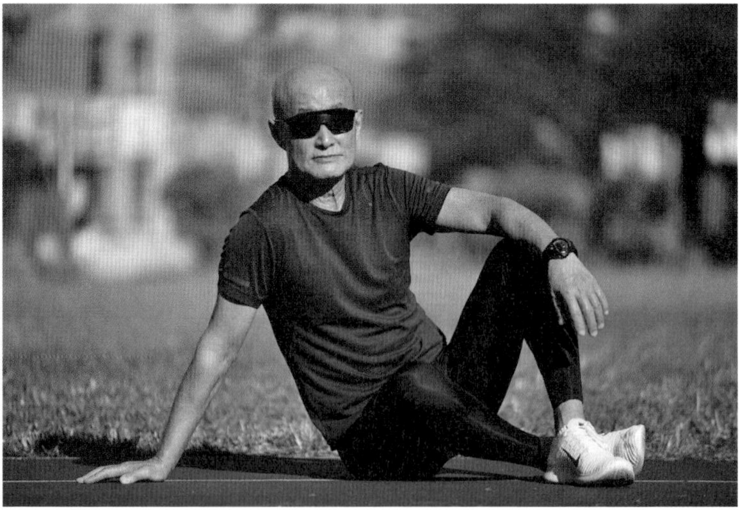

跑步、健身是我的最愛，樂此不疲超過三十年。

運動系列照。

即使下雨也阻擋不了每天跑出的熱情。

假日午後的隨性漫步。

偶爾在週末和朋友飲酒小聚。

很「自戀」的居家照。

和兩個兒子的休閒照。

牽著孫子Mark散步。

居家生活照。

假日休閒。

週日的午後。

Eurasian Publishing Group
圓神出版事業機構
圓神出版社
Eurasian Press

www.booklife.com.tw　reader@mail.eurasian.com.tw

圓神文叢 309

先行者：名醫劉偉民逆流而上的人生

作　　者／劉偉民
文字協力／陳心怡
攝　　影／郭宏東
發 行 人／簡志忠
出 版 者／圓神出版社有限公司
地　　址／臺北市南京東路四段50號6樓之1
電　　話／（02）2579-6600・2579-8800・2570-3939
傳　　真／（02）2579-0338・2577-3220・2570-3636
總 編 輯／陳秋月
主　　編／賴真真
專案企畫／賴真真
責任編輯／歐玟秀
校　　對／歐玟秀・林振宏
美術編輯／林韋伶
行銷企畫／陳禹伶・林雅雯
印務統籌／劉鳳剛・高榮祥
監　　印／高榮祥
排　　版／杜易蓉
經 銷 商／叩應股份有限公司
郵撥帳號／18707239
法律顧問／圓神出版事業機構法律顧問　蕭雄淋律師
印　　刷／祥峰印刷廠

2022年3月　初版

定價 300 元　ISBN 978-986-133-813-2

踏實走著每一步，爲自己開拓出一條道途，邊學邊走邊做，就能爲自己建立起一套架構。關鍵是：你敢嗎？

——《先行者：名醫劉偉民逆流而上的人生》

國家圖書館出版品預行編目資料

先行者：名醫劉偉民逆流而上的人生／劉偉民 著.
-- 初版. -- 臺北市：圓神出版社有限公司，2022.3
176 面；14.8×20.8 公分（圓神文叢；309）

ISBN 978-986-133-813-2（平裝）

1. CST：劉偉民　2. CST：醫師　3. CST：自傳
4. CST：臺灣

783.3886　　110022506